昭和～平成時代の名古屋鉄道 第1巻
名古屋本線東部・豊川線

服部重敬 著
協力：白井 昭、NPO法人名古屋レール・アーカイブス

東西直通60周年記念列車。2008年5月17日　名電赤坂～名電長沢　7020編成　Ha

昭和～平成時代の名古屋鉄道 第1巻
名古屋本線東部・豊川線
····· Contents

3400系エバーグリーン賞受賞列車。1993(平成5)年4月3日　名電赤坂～名電長沢　モ3401＋ク2401　Ha

本誌で紹介する路線

名古屋鉄道路線図（1965（昭和35）年以降・廃止路線含む）

凡例:
- 1500V鉄道線
- 600V軌道線
- 600V鉄道線
- モノレール線

❶ 名古屋本線
❷ 谷汲線
❸ 揖斐線
❹ 高富線
❺ 鏡島線
❻ 岐阜市内線
❼ 美濃町線
❽ 田神線
❾ 各務原線
❿ 竹鼻線
⓫ 羽島線
⓬ 尾西線
⓭ 津島線
⓮ モノレール線
⓯ 広見線
⓰ 八百津線
⓱ 一宮線
⓲ 岩倉支線
⓳ 犬山線
⓴ 小牧線
㉑ 瀬戸線
㉒ 豊田線
㉓ 常滑線
㉔ 築港線
㉕ 空港線
㉖ 河和線
㉗ 知多新線
㉘ 三河（山）線
㉙ 三河（海）線
㉚ 平坂支線
㉛ 挙母線
㉜ 岡崎市内線
㉝ 福岡線
㉞ 安城支線
㉟ 西尾線
㊱ 蒲郡線
㊲ 豊川線

路線図の駅名:
谷汲　高富　美濃
忠節　長良北町
本揖斐　黒野　徹明町　競輪場前　新鵜沼　動物園　八百津
鏡島　田神　犬山　御嵩
岐阜駅前　笠松　新岐阜　小牧
新羽島　玉ノ井　東一宮　岩倉
大須　新一宮　堀川　上飯田　尾張瀬戸
津島　須ヶ口　栄町　金山橋
弥富
枇杷島分岐点　神宮前　赤池
新名古屋
東名古屋港　大江　上挙母　梅坪　西中金
太田川　知立　新安城　岡崎井田
安城　岡崎駅前
南安城　東岡崎
常滑　知多半田　西尾　福岡町　国府　豊川稲荷
中部国際空港　富貴　港前　吉良吉田　蒲郡　豊橋
内海　河和

地図下部:
森林公園　水野　新瀬戸　三郷　尾張旭　旭前
愛知青少年公園　大森
長久手古戦場　五色園　三河御船　猿投　枝下
平戸橋　梅坪　越戸　豊田市
竹村　上郷名鉄レストラン
トヨタ自動車前　トヨタ自動車
八橋かきつばた　大樹寺　岡崎城　岡崎公園
宇頭　矢作橋　岡崎公園前　東岡崎　男川　美合　藤川
矢作川　岡崎　岡崎駅前　名電山中　本宿
三ヶ根山回転展望台　形原温泉　新箱根　名電長沢
三ヶ根　ドライブウェイ　三河鹿島　名電赤坂　御油
愛知こどもの国　三河鳥羽　蒲郡競艇場前　名鉄ドライブイン赤坂
東幡豆　西浦　ホテル竹島　国府　豊川稲荷
西幡豆　蒲郡温泉国定公園
三河湾国定公園　三ヶ根山・蒲郡　西浦温泉　西浦マリーナ
うさぎ島　竹島　汐干狩　三谷温泉
猿が島
三河大島
三河湾

本宮山ロッジ
くらがり渓谷
衣文観音
豊川稲荷　豊川I.C
名鉄ドライブイン赤坂
八幡　飯田町　稲荷口　吉田城
伊奈　小田渕
豊橋

〈名古屋本線〉
〈東名阪高速道路〉
〈豊川線〉
〈東海道本線〉

出典：1976（昭和51）年3月
名鉄沿線案内図

5

名古屋鉄道の路線一覧1960（昭和35）年以降の運行路線

路線名	区間	営業キロ程(km)			廃止年月日
		鉄道	軌道	合計	
名古屋本線	豊橋～新岐阜	99.8		99.8	
	知立分岐点～三河知立	0.8		0.8	1984年4月1日廃止
東部線					
豊川線	国府～豊川稲荷		7.2	7.2	
岡崎市内線	岡崎駅前～岡崎井田		5.8	5.8	1962年6月17日廃止
福岡線	岡崎駅前～福岡町	2.4	0.1	2.5	1962年6月17日廃止
西尾線	新安城（今村）～吉良吉田	24.7		24.7	
安城支線	南安城～安城	1.1		1.1	1961年7月30日廃止
平坂支線	西尾～港前	4.5		4.5	1960年3月27日廃止
蒲郡線	吉良吉田～蒲郡	17.6		17.6	
三河線	吉良吉田（碧南）～西中金（猿投）	64.8 (39.8)		64.8 (39.8)	2004年4月1日 猿投～西中金、吉良吉田～碧南間廃止
挙母線	岡崎井田～上挙母	11.5		11.5	1973年3月4日廃止 （岡崎井田～大樹寺間　1962年6月17日廃止）
豊田線	梅坪～赤池	15.2		15.2	
常滑線	神宮前～常滑	29.3		29.3	
築港線	大江～東名古屋港	1.9 (1.5)		1.9 (1.5)	1990年11月25日短縮
空港線	常滑～中部国際空港	4.2		4.2	第三種鉄道事業者は 中部国際空港連絡鉄道
河和線	太田川～河和	28.8		28.8	
知多新線	富貴～内海	13.9		13.9	
西部線					
犬山線	枇杷島分岐点～新鵜沼	26.8		26.8	
モノレール線	犬山遊園～動物園	1.2		1.2	2008年12月28日廃止
一宮線	岩倉～東一宮	7.1		7.1	1965年4月25日廃止
各務原線	新岐阜～新鵜沼	17.6		17.6	
広見線	犬山～御嵩	22.3		22.3	
八百津線	伏見口（明智）～八百津	7.3		7.3	2001年10月1日廃止
津島線	須ヶ口～津島	11.8		11.8	
尾西線	弥富～玉ノ井	30.9		30.9	
竹鼻線	笠松～大須（江吉良）	17 (10.3)		17 (10.3)	2001年10月1日 江吉良～大須間廃止
羽島線	江吉良～新羽島	1.3		1.3	
小牧線	上飯田～犬山	20.6		20.6	上飯田～味鋺間 第三種鉄道事業者は上飯田連絡線
岩倉支線	小牧～岩倉	5.5		5.5	1964年4月26日廃止
瀬戸線	堀川（栄町）～尾張瀬戸	21.8 (20.6)		21.8 (20.6)	1976年2月15日 堀川～東大手間廃止
岐阜地区					
岐阜市内線	岐阜駅前～長良北町		4.9	4.9	1988年6月1日（徹明町～長良北町間）、 2005年4月1日廃止
岐阜市内支線	徹明町～忠節		2.8	2.8	2005年4月1日廃止
美濃町線	徹明町～美濃		24.8	24.8	1999年4月1日（関～美濃間）、 2005年4月1日廃止
田神線	田神～競輪場前		1.4	1.4	2005年4月1日廃止
高富線	長良北町～高富	5.1		5.1	1960年4月22日廃止
鏡島線	千手堂～西鏡島	4.4		4.4	1964年10月4日廃止
揖斐線	忠節～本揖斐	18.3		18.3	2001年10月1日（黒野～本揖斐間）、 2005年4月1日廃止
谷汲線	黒野～谷汲	11.2		11.2	2001年10月1日廃止

※（　）内は2024年1月1日現在の路線長

名古屋鉄道の系譜

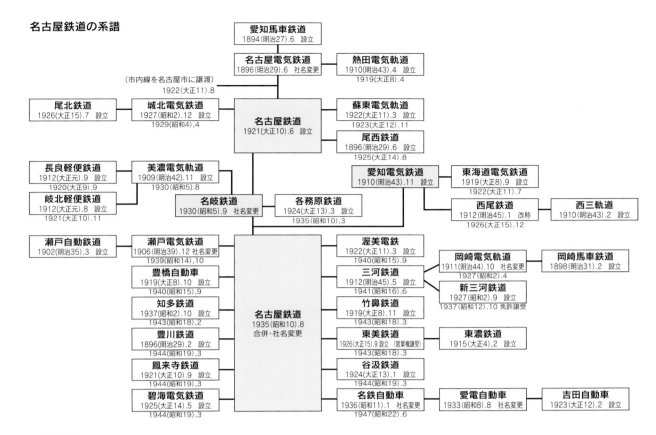

参考文献

名古屋鉄道社史　名古屋鉄道　1961（S36）年
名古屋鉄道百年史　名古屋鉄道　1994（H6）年6月
名鉄120年　近20年のあゆみ　名古屋鉄道　2014（H26）年
写真が語る名鉄80年　名古屋鉄道　1975（S50）年
この駅この町　沿線散歩・名鉄100駅　名古屋鉄道　1986（昭和61）年
地図で読み解く名鉄沿線　NPO法人名古屋レール・アーカイブス　2021（R3）年
愛知の駅ものがたり　藤井 建　2022（R4）年
日本鉄道旅行地図帳　7号　東海　今尾恵介　2008（H20）年
日本鉄道旅行歴史地図帳　7号　東海　今尾恵介・原 武史　2010（H22）年
名古屋鉄道車両史上・下巻　清水 武、田中義人　アルファ・ベータブックス　2019（H31,R1）年
名古屋鉄道の貨物輸送　清水 武、田中義人　フォト・パブリッシング　2021（R3）年
名古屋鉄道各駅停車　清水 武　洋泉社　2016（H28）年
名鉄パノラマカー　徳田耕一　JTBパブリッシング　2001（H13）年
鉄道車両データファイルNo.19　名鉄7000系　山田 司　ネコ・パブリッシング　2016（H28）年
改定新版　データブック　日本の私鉄　寺田裕一　ネコ・パブリッシング　2013（H25）年
指定券類図録（附：名古屋鉄道座席指定券）　久田 進・今枝憲治　1984（S59）
東海地方の鉄道敷設誌　井戸田弘　2008（H20）
豊川放水路工事誌　中部地方建設局豊橋工事事務所　1967（S42）
名鉄社内報　れいめい　各誌　名古屋鉄道
名鉄ニュース各誌　名古屋鉄道
鉄道ピクトリアル　　No.246　　　鉄道図書刊行会　1971（S46）年1月
鉄道ピクトリアル　　No.370　　　名古屋鉄道特集　1979（S54）年12月
鉄道ピクトリアル　　No.426　　　流線型半世紀　1984（S59）年1月
鉄道ピクトリアル　　No.473　　　名古屋鉄道特集　1986（S61）年12月
鉄道ピクトリアル　　No.624　　　名古屋鉄道特集　1996（H8）年7月
鉄道ピクトリアル　　No.771　　　名古屋鉄道特集　2006（H18）年1月
鉄道ピクトリアル　　No.791　　　知られざる名鉄電車史Ⅰ　2007（H19）7月
鉄道ピクトリアル　　No.812　　　名鉄パノラマカー　2008（H20）年12月
鉄道ピクトリアル　　No.816　　　名古屋鉄道特集　2009（H21）年3月
鉄道ピクトリアル　　No.969　　　名古屋鉄道2扉クロスシート車　2020（R2）2月
鉄道ピクトリアル・アーカイブス30　名古屋鉄道1960～70　鉄道図書刊行会　2015（H27）2月
鉄道ピクトリアル・アーカイブス31　名古屋鉄道1970～80　鉄道図書刊行会　2015（H27）6月
鉄道ピクトリアル・アーカイブス46　私鉄高速電車発達史Ⅱ　電気社研究会　2023（R5）5月
その他、名古屋鉄道時刻表、鉄道ピクトリアル、鉄道ファン、鉄道ジャーナル、Wikipedeia の名鉄関連記事を参考にしました

はじめに

　1976（昭和51）年に名古屋鉄道に入社以来、沿線の鉄道風景を折々に触れ、撮影してきた。それら写真がかなり溜まったことから、機会を見て写真集としてまとめたいと思っていたが、なかなかその機会は訪れなかった。

　そうした中、NPO法人名古屋レール・アーカイブスで、会社の先輩でもある田中義人さんから、大井川鐵道の副社長を務められた大先輩の白井　昭さんのデジタル化した写真を見せていただいた。それらを見て、驚いた。極めてこまめに名古屋鉄道のさまざまなシーンを撮影しておられる。また、車両の形式中心の写真ばかりでなく、走行写真も多い。標準レンズによる撮影だが、情景を取り入れ、当時の様子が写し込まれている。自分が撮ったのと同じ場所で撮影した写真も少なくない。また、保存の大敵であるビネガーシンドロームにネガが冒されておらず、保存状態が極めて良いのもありがたかった。これらを自分が撮影した写真と比較できるように載せたら、名鉄沿線の時代の移り変わりを見比べることができるのではないか。

　そうした折に、フォト・ブリッシングの福原社長様から名鉄沿線の写真集を10分冊で出版しないか、とのご提案があった。白井さんの撮影は、主に1955（昭和30）年から1970（昭和45）年までの15年間で、小生の撮影が主に1976（昭和51）年以降なので、途中5年ほどの空白期間はあるものの、二人で70年近い期間の名鉄を記録していることになる。そこで、白井さんと小生の写真を組み合わせ、さらにNPO法人名古屋レール・アーカイブスが所蔵する故・倉知満孝さんが撮影された駅舎の写真を始めとする豊富な資料や写真などで、名鉄の歴史を線区毎に紹介することにした。

　車両面や貨物輸送については、清水　武さんや田中さんの既著「名古屋鉄道車両史上・下巻」や「名古屋鉄道の貨物輸送」があることから、本書では沿線写真に加え、それらの撮影に関連する車両の運行面の記録を中心にまとめることにした。加えて、これまで学会誌や雑誌等に発表した名古屋鉄道に関する研究記事も載せることで、内容を充実させたつもりである。沿線写真については駅を基準として、その付近の写真をまとめている。

　なお、本書をまとめるにあたり、NPO法人名古屋レール・アーカイブスの会員各位と澤田幸雄、寺澤秀樹、梅村仁朗氏にご助言をいただきました。誌上より厚くお礼を申し上げます。

写真撮影・資料所蔵略称

Km　神谷静治
Ko　小林磐生
Kr　倉知満孝
Si　白井　昭
Sm　下郷次郎八
No　野崎昭三
Ha　服部重敬
Hi　J.W.Higgins
Fu　藤井　建
特記なき写真・資料はNPO法人名古屋レール・アーカイブス所蔵

第1章
名古屋本線東部
【豊橋～金山橋(金山)間】

名古屋本線の東部区間、神宮前から豊橋にかけては、名鉄の前身のひとつである愛知電気鉄道が大正期に建設した路線である。高速電気鉄道の設計を活かして直線が多く、勾配を緩和した優れた線形が特徴で、中でも名電赤坂から伊奈の東にある平井信号場に至る8kmもの直線区間は民鉄随一の規模である。日本一の高速運転を誇った歴史は現代に受け継がれ、特急が120km/hの速度で駆け抜けていく。

豊橋を出発する5500系6連の特急。1番線に流線形の旧型国電として名を馳せたクモハ52形が停車している。5500系のスカーレットに白帯塗装は、ストロークリームにスカーレットの赤帯時代を経て、1969(昭和44)年から1971(昭和46)年にかけて見ることができた。1970.1.2　Ha

豊橋駅

　名古屋本線の起点で、豊橋行の列車が上り列車となる。

　1888（明治21）年9月1日に官設鉄道豊橋駅が開業。1897（明治30）年7月15日に豊川鉄道吉田駅が北側に併設された。ちなみに吉田は吉田藩や吉田宿に由来する豊橋の旧名で、藩籍奉還の際に伊予国の吉田藩と重複するため、豊川に架かる橋の名から豊橋と改名された。愛知電気鉄道では1927（昭和2）年6月1日に豊川鉄道と線路を共用し、吉田駅に乗り入れている。1943（昭和18）年8月1日の国有化による豊川鉄道買収により、豊橋駅に統合された。

　駅舎は1945（昭和20）年6月の空襲で全焼の後、1950（昭和25）年4月に企業、自治体などが費用を分担する「民衆駅」の第一号として、商業施設もはいる木造2階建てで再建され、ホームは豊川鉄道以来の頭端式1面2線の島式から現在の2面3線の形状に変更さ

れている。1970（昭和45）年7月に鉄筋コンクリート造りの豊橋ステーションビルに建て替えられ、1976（昭和51）年には駅前広場に地下道が開通している。

　1994（平成6）年から駅全体の整備が始まり、名鉄線ホームの拡幅のほか、市政90年にあたる1996（平成8）年9月に東西自由通路と橋上駅舎が完成。1997（平成9）年6月までに既存駅ビルを増築して5階建てとし、商業施設とホテルからなる駅ビルが完成した。1998（平成10）年2月19日に路面電車の豊橋鉄道市内線が150m延伸して駅前広場に乗り入れ、3月には公共交通機関のターミナル機能を集約した東口駅前広場の整備が完成している。2008（平成16）年には東口南側の再開発が行われ、豊橋鉄道渥美線の新豊橋駅の移設と南口自由連絡通路が整備された。在来線ホームは5面8線あり、1〜3番線は櫛形ホームの頭端式で、名鉄は3番線、飯田線が1〜2番線を使用する。

豊橋駅に到着する5000系6連。5000系は東海道本線の電化に対抗して、名鉄初のカルダン駆動車として1955（昭和30）年11月に運転を開始。2扉クロスシート車で、SR車（スーパーロマンスカー）と呼ばれた。1958.3　Si

豊橋駅3番線に停車する5200系6連の急行と4番線に停車する80系。80系は電気機関車の牽く客車列車の置き換え用に1950（昭和25）年から製造され、オレンジと緑の塗り分けがミカンを連想させることから「湘南電車」と呼ばれた。豊橋には、1953（昭和28）年7月の浜松～名古屋間電化で登場した。1957.2　Si

1970（昭和45）年に駅ビルに改築される前の豊橋駅前。車両は写っていないが、駅前に1969（昭和44）年5月15日に休止された市民病院前への豊鉄市内線（1973（昭和48）年3月24日廃止）が健在である。1969年頃　Ko

豊橋に到着する7000系パノラマカー。1964.11.7　Hi

1970（昭和45）年7月に鉄筋コンクリート造りの豊橋ステーションビルに建て替えられた豊橋駅。改札口は頭端式ホームである1～3番線の突き当たり付近にあった。1970年頃　Ko

荷物電車は国鉄の荷物扱い室が飯田線ホームの1番線に面していたこともあって、名鉄用の3番線ではなく、飯田線のホームに入線した。1983（昭和58）年にはモ800形両運車も充当され、1985（昭和60）年2月15日の荷物運送連絡運輸廃止まで使用された。同年3月1日には、早朝に豊橋〜伊奈間で運転されていた荷物電車も廃止されている。1983.3.25　Ha

豊橋駅に到着するHL車（制御器が手動進段の車両の総称でH（Hand/手動）L（Line）の略）3700系の高速。名古屋本線からの優等列車が豊川線に直通する時間は、国府で乗り換える豊橋行の急行が運行され、AL車（制御器が自動進段の車両の総称でA（Auto/自動）L（Line）の略）やHL車が使用されるときもあった。1981.7.25　Ha

豊橋～伊奈間

　飯田線と合流する平井信号場～豊橋間は、愛知電気鉄道の1927（昭和2）年6月1日の吉田への延伸にあたり、豊川鉄道の山側に単線線路を建設しており、両社で線路を共有して複線となっている。1943（昭和18）年の豊川鉄道買収により、国鉄飯田線との共用区間となった。このため上り線側が名鉄線となっている。この間には船町と下地の2駅があるが、名鉄の列車は停車しない。

豊川橋梁を渡る1000系パノラマスーパーの8連。パノラマスーパーは、パノラマカーの後継車として1988（昭和63）年に登場したハイデッカーの前面展望車。1990（平成2）年の特急の運行方針変更で一般車と併結運転が始まると、全車指定席の特急は豊橋へは朝夕ラッシュ時だけの運行となり、1997（平成9）年4月以降は全車指定席車両である1000系の豊橋への乗り入れはなくなった。
1989.5.27　Ha

下地駅の西方で東海道本線の113系と併走する7000系6連の豊橋行特急。豊橋～名古屋間では、国鉄列車との激しい競争が繰り広げられた。1983.1.9　Ha

東岡崎〜豊橋間の小荷物輸送は他線のように客室の一部を仕切るのではなく、1985（昭和60）年2月の荷物運送連絡運輸終了まで、単独車輌による運行だった。デニ2000形2001は愛知電鉄のデハ3080形で、1両だけあった全鋼製試作車のデハ3090を1953（昭和28）年に車体更新したもので、1969（昭和44）年に廃車になった。1967.1.5　Hi

飯田線と共用の下り線を走る7000系8連の座席指定特急。7000系4連の併結運転は、1973（昭和48）年から開始された。1983.1.2　Ha

飯田線と合流する平井信号場付近を走る3850系2連の豊橋行高速。名古屋本線の優等列車が豊川線に直通する時間に国府〜豊橋間で運行された。　1978.11.19　Ha

豊川放水路の橋梁を渡り豊橋に向かう7500系。豊川放水路の橋梁架け替え前は、撮影地点と上り線線路間に東海道本線と名鉄下り線と飯田線共用の旧線があった。　1993.1.17　Ha

コラム　豊川放水路開削に伴う仮線建設

　豊川の治水対策として支流の江川開削・拡幅により豊川放水路を建設する共に、堤防の嵩上げで洪水に備えることになり、既存線路を1.6m嵩上げする必要が生じたことから、新たな橋梁が架けられた。1963（昭和38）年から東海道本線と飯田・名鉄線下り線は既存線30m下流側の新橋梁に付け替え、飯田・名鉄線上り線は飯田線下地駅西側から平井信号場付近までの約650mを旧・江川橋梁を使った仮線に迂回させて路盤の嵩上げと橋梁架設の工事を行い、1964（昭和39）年11月27日に完成した。

東海道本線下り線が新線に移行した時期の現在の豊川放水路橋梁と旧線の江川の橋梁。東海道本線上り線を153系の急行「東海」、飯田線と名鉄の下り線を飯田線車両が走行している。1963.8　Ko

旧線時代の平井信号場付近の下り線を走る7000系パノラマカー。路盤が一部完成している現在の飯田線と名鉄の下り線が平井信号場付近で旧線につながることになる。1963.8　Ko

平井信号場から豊川放水路の間、飯田線と名鉄の旧下り線を使った仮線にむけて建設された上り線仮線用築堤。豊橋行列車が使用した。手前の廃線跡は、新橋梁に移設された飯田線と名鉄線の旧下り線。1963.11　Si

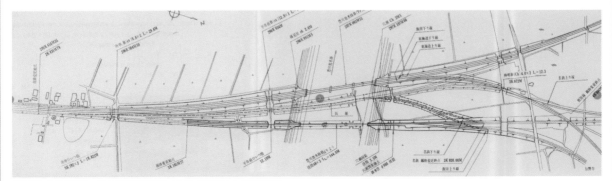

豊川放水路架橋に伴う線路切替図。出典：豊川放水路工事誌

伊奈駅

1926（大正15）年4月1日の小坂井開業時には駅が設けられず、1927（昭和2）年6月1日の吉田延長にあわせ、伊奈駅が設けられた。以来、飯田線の小坂井駅を結ぶ小坂井線の分岐駅となり、1954（昭和29）年12月25日の小坂井線廃止まで飯田線豊川への直通列車が運転されていた。

急行停車駅で、豊橋へは飯田線と線路共用のため、時間あたり6本しか運転できないという制約があることから、普通列車はここで折返しとなる。1982（昭和57）年3月21日ダイヤ改正での本線特急増発により、毎時1本あった豊橋行普通列車は廃止となり、豊橋へは毎時2本運転される急行だけとなった。

ホームは2面3線で、1995（平成7）年にホームの岐阜方向への延伸と山側ホームを撤去して留置線の増設が行われ、1996（平成8）年3月に橋上駅化されている。東側南の留置線は小坂井支線の名残で、豊橋方向に複線廃線跡が残っている。

伊奈を通過する5000系6連の豊橋行特急。サーモンピンクとマルーンのツートンカラーは、クロスシートを備えたロマンスカーの塗色だった。この頃は6連だったが、1964（昭和39）年に中間の5150形は5200系と組成され、4連化された。
1961.5.21　Si

引退を控え、先頭にフェニックス・エンブレムを掲げ、登場時の外観に復元されたモ7001を先頭に本宿〜伊奈間で片道だけ運転された特別列車が、現在の主力車両である2200系と並ぶ。
2008.11.9　Ha

国府～小田渕間の直線区間を走る7000系6連の新岐阜行。オーバークロスする道路は国道1号で、地平の踏切時代には大きな事故が発生しているため、昭和30年代後半に立体交差化された。1966頃　Kr

伊奈駅に停まる小坂井支線用のモ3300形。1928（昭和3）年に愛電が豊橋延長に備え新造した18m級の大型車である。小坂井支線には1954（昭和29）年12月25日の廃止まで、毎時1本、飯田線豊川までの直通電車があり、さらにラッシュ時には小坂井までの区間運転があった。1954.12.19　Km

伊奈駅舎。1996（平成8）年3月に橋上駅化された。1985.1.10　Ha

小田渕駅舎。相対式ホームの駅で1934（昭和9）年1月14日開業。1967（昭和42）年2月16日に無人化、2005（平成17）年12月に駅集中管理システムが導入された。1966頃　Kr

国府駅

　1926（大正15）年4月1日に愛知電気鉄道豊橋線として小坂井延長時に開業。1945（昭和20）年1月27日の豊川市内線（後の豊川線）開業後は、豊川方面への分岐駅となった。駅名はかつてここに三河の国府（国庁）が置かれたことに由来するが、読み方は「こう」である。

　ホームは3面6線で、5,6番線は豊川線用で6両編成しか停まれない。1987（昭和62）年12月23日に橋上駅舎化された。2000（平成12）年3月21日ダイヤ改正で特急が特別停車するようになり、快速特急が設定された2005（平成17）1月29日ダイヤ改正で、正式に特急停車駅となった。

国府駅で並ぶ7000系特急改装車（白帯車）8連の豊橋行特急と豊川稲荷初詣特急の7000系と7500系。正月輸送期間中は、豊橋行の定期特急も国府に停車し、豊川稲荷行列車に連絡した。1983.1.9　Ha

豊川稲荷へ多くの乗換客で賑わう国府駅。1987（昭和62）年12月に橋上駅舎化されるまでは構内踏切があった。
1982.2.11　Ha

国府駅に到着する豊田線用100系。通常、この区間は運行されることはないが、この日は名鉄主催のミステリー鉄道ツアーの団体向けとして特別に営業運転された。なお、後に100系4次車（200番台）が1991（平成3）～1993（平成5）年に伊奈まで運転されている。1981.8.12　Ha

乗換客で賑わう国府駅。左が岐阜行特急の5000系。右が豊橋行急行の3850系。この頃は現在とは逆に、駅舎から遠い豊川線ホームから番線が振られている。1958.2　Si

豊川線で運行されるモ770形。竹鼻線の前身である竹鼻鉄道が発注し、1943（昭和18）年に竣工した車体長16mの半鋼製車である。2両あり、主に昇圧後の豊川線で使用された。両運転台車で、写真ではわかりづらいがモ772の豊橋方とモ771の岐阜方には貫通扉があった。1956.3　Si

1966年頃の国府駅。1987（昭和62）年12月に橋上駅舎化された。　Kr

御油～名電赤坂～名電長沢間

名電赤坂から国府、伊奈を経て平井信号場までは、全国民鉄で最長の直線区間で、その延長は8kmに及ぶ。こうした優れた線形となったのは、新幹線のように東京と大阪を結ぶ電気鉄道を構想していた東海道電気鉄道を1922（大正11）年に合併し、その設計を受け継いだからで、最急勾配も16.7‰におさえられている。高速運転に適した線形は愛知電気鉄道の速度向上に大きく寄与し、表定速度59km/hという、当時の民鉄随一の運転を可能にした。現在は、この区間を120km/hで走行する。

名電赤坂を通過する7500系6連の豊橋行特急。豊橋行列車はこのあたりから平井信号場まで、8kmの直線が続く。1965.8　Si

1926（大正15）年4月1日に開業した御油駅。駅名の由来は東海道の宿場名からで、東海道と浜名湖の北をまわって磐田で東海道に合流する姫街道と呼ばれる脇往還の分岐点だった。開業時は本御油で、1949（昭和24）年3月1日に御油に改称された。2面2線の相対式ホームで1967（昭和42）年3月に無人化された。1966頃　Kr

1926（大正15）年4月1日に開業した名電赤坂駅。駅名の由来は東海道の宿場名で、1938（昭和13）年12月1日に愛電赤坂から改称された。相対式ホームの2面2線で1971（昭和46）年10月に無人化された。御油と共に、2005（平成17）年12月に駅集中管理システムが導入された。1966頃　Kr

珍しく雪化粧をした名電赤坂〜御油間を走る5300系＋5500系の豊川稲荷行急行。1994.2.13　Ha

先頭にフェニックス・エンブレムを掲げ、登場時の外観に復元されたモ7001を先頭に本宿〜伊奈間で片道だけ運転された特別編成が、回送で舞木に戻っていく。2008.11,9　名電赤坂〜御油　Ha

名電赤坂～御油間を走る5500系2連＋7000系白帯4連＋7700系白帯2連の急行740列車。1981（昭和56）年から運転が始まった津島線初の8両編成列車で、当初は7000系4両＋7700系2両＋5500系2両の編成であったが、1983（昭和58）年3月からの特急改装車（白帯車）充当に伴い編成順序が変更され、7000系パノラマカーをサンドイッチする編成となった。当初、白帯車は特急専用であったが、1983（昭和58）年から特別料金を取らずラッシュ時の急行に使用されている。この列車は豊橋から新岐阜行の特急93レとなるが、5500系は客扱いをせず回送扱いであった。1983.6.11　名電赤坂～御油　Ha

雨がしっとりした雰囲気を醸し出す中を走るモ800形単行の荷物列車。パノラマカーが110km/hで走る幹線とは思えない、長閑な雰囲気だった。1983.6.4　モ814　名電赤坂～御油　Ha

この頃、赤坂小学校下の田園には花菖蒲が植えられ、梅雨入り前には奇麗な花を咲かせていた。
1983.6.11　名電赤坂～御油　Ha

豊橋方に7700系白帯車、中間に7000系4連、岐阜方に5500系を連結した新岐阜行特急。1990（平成2）年10月に特急の運行方針が変更され、本線の特急で指定席車と一般席車の併結が始まり、当初はパノラマスーパー1000系と専用車に改造された7700系を指定席車として豊橋方、一般席車を岐阜方に連結して組成した。7000系と5500系の連結は、検査等で7000系6連が不足し、その代用運用かと思われる。名電長沢～名電赤坂　1991.3.24　Ha

5500系の引退にあわせ、2003（平成15）年秋には残った2両組成3本にサーモンピンクとマルーン、スカーレットに白帯、クリームにスカーレット帯の復刻塗装をおこない、「甦（よみがえ）る5500系」として運行された。名電赤坂の名電長沢寄りは下り列車が順光で撮れることから何度も訪れている。　2003.10.11　Ha

コラム 7000系さよなら列車

　7000系の引退を控えて、2009（平成21）～2010（平成22）年にかけてさよなら運転が行われた。これら列車を名電赤坂～名電長沢間の同一地点で撮影した。

7000系で最後まで残ったのは、白帯が復活した7011編成だった。2008（平成20）年12月26日の定期運用離脱後はイベント列車や団体列車に使用され、2009（平成21）年8月30日にデビューから17,622日で迎えた最終日を表す記念標板をつけて運行された。Ha

2009（平成21）年11月29日には、中間車を先頭車に改造した7100系（モ7101＋モ7104）が廃車になるのにあわせ、団体列車としてさよなら運転がおこなわれた。　Ha

7000系グループで最後まで残ったのは前面展望室のない7700系で、最後はワンマン化改造されて三河線などで活躍していた。2010（平成22）年3月21日に7000番代最終章として団体列車によるさよなら運転が行われ、7000系の歴史を閉じた。　Ha

田植えが終わった初夏の田園地帯を走る7000系4連を2本連結したラッシュ時の輸送力列車。この北あたりに1986（昭和61）年11月に東名高速道路の音羽蒲郡インターが開設された。 1981.6.7　Ha

名電赤坂～名電長沢間を走る7500系7連。7500系は7000系パノラマカーを低重心化し、回生制動などの採用により高速性能を高めて1963（昭和38）年11月に登場し、翌64（昭和39）年2月にサ7570形を組み込み、7両組成化されている。 1965.8　Si

名電長沢から名電赤坂に続く16.7‰の直線を下る7700系白帯車＋7100系＋5300系8連の豊橋行特急。1992（平成2）年10月に特急の運行方針が変更され、座席指定席車と一般車席の併結運転が始まると、特急と高速は一本化され、1000系あるいは7700系の指定席車が特急の豊橋方に連結された。指定席車に使用された7700系2両組成は、1983（昭和58）年3月に改装された4本では不足することから編成替えをおこない、さらに4本が改装された。1990.11.10　Ha

上とほぼ同地点を走る3850系モ3854＋ク2854の豊橋行普通。3850系は1951（昭和26）に製造され、側窓は広窓で2扉、車内は全クロスシート、塗装は後の優等車の標準色となるサーモンピンクとマルーンの2色塗りで10本20両が製造され、「ロマンスカー」と呼ばれた。1965.8　Si

名電長沢駅付近のモ800形単行の
荷物電車。モ814は、単行用車両が
必要になったことから1981(昭和
56)年に3500形モ3505を両運転
化したもので、1985(昭和60)年2
月の荷物電車廃止後も三河線など
で1989(平成元)年まで活躍した。
1983.6.4　Ha

名電長沢駅付近を走る5000系の
6連。右の道路は国道1号。現在は
線路の奥に東名高速道路が走っ
ている。東名高速道路静岡IC〜岡
崎IC間の開業は、1969(昭和44)
年2月1日である。
1961.5　Si

7000系パノラマカーやカルダン
駆動のSR車の特急・急行が高速
で走る名古屋本線も、昭和時代の
普通列車は吊掛駆動のAL車が中
心だった。3800系は岐阜〜豊橋
間の東西直通運転に備え、主に
1948(昭和23)年と翌年に製造
され、71両あった。
1982.3.22　モ3826+ク2826
名電長沢〜名電赤坂　Ha

れんげ草咲く名電長沢〜名電赤坂間を走る5200系4連。1964（昭和39）年に5000系の中間車であるモ5150形を組み込み、4両組成化された。この頃は、名古屋本線で主に急行に使用されていた。この付近に東名高速道路音羽蒲郡インターの取付道路が建設されている。1980.4.28　Ha

名電長沢を通過し、本宿駅南の山中越えのサミットに向かい、16.7‰の勾配を登る。1978.11.28　Ha

名電長沢駅を通過する7500系7連。現在は線路奥に東名高速道路が建設され、風景が一変している。1965.8　Si

名電長沢駅を通過する7000系7次車の6連(モ7043ほか)。4両組成で登場したが、1975(昭和50)年にはラッシュ対策として客室扉を幅1200mmの両開戸とした7000系9次車の7050形(車両番号は7100番台)が組み込まれている。1982(昭和57)年3月のダイヤ改正までは、特急の行先板は黄色ベースだった。1980.4.28

名電長沢駅待合所。1926(大正15)年4月1日に開業し、1938(昭和13)年12月1日に愛電長沢から改称されている。1948(昭和23)年までに無人化されているが、2面2線の相対式ホーム端に待合室があった。2005(平成17)年12月に駅集中管理システムが導入された。1966年頃　Kr

名電長沢と名鉄赤坂間ですれ違う7000系特急改装車（白帯車）。国鉄の快速用車両117系の登場に対抗するため、1982（昭和57）年3月に7000系4両組成車を改装整備し、車体の窓下に白帯を巻いて登場した。特急車整備にあわせ、豊橋〜新岐阜間の特急を昼間帯も30分間隔として、毎時2本化した。1982.5.22　Ha

サミットを越え、国道1号に沿って国府に向かう7700系のさよなら列車（モ7715＋モ7716＋モ7711＋モ7712）。2010.3.21　本宿〜名電長沢　Ha

2008（平成20）年12月27日に7000系パノラマカーが基本運用から外れることが決まると、数々の新機軸を採用した画期的な名車だけにさまざまなイベントが行われた。中でも11月9日には、7001編成（モ7001＋モ7152＋モ7051＋モ7002）の豊橋方先頭部の逆富士型行先種別板を外し、デビュー当時のフェニックスのエンブレムを取り付けて復活運転が行われた。わずか1度きり、しかも本宿〜伊奈間の片道のみの営業運転だった。2008.11.9　本宿〜名電長沢　Ha

名電長沢～本宿間

　名電長沢から本宿にかけては、北側に東名高速道路、南側に国道1号が併走する狭い谷間を走る。この区間の新箱根入口交差点あたりに名古屋本線の最高地点があり、標高は112mである。1992（平成4）年頃に国道1号の拡幅が行われ、風景が変化している。

新箱根入口交差点南の名古屋本線最高地点付近を走る7000系4連の豊橋特急。1978.11.28　Ha

1958（昭和33）年の同地点。国道1号を走る車は少ない。デキ250形は1952（昭和27）年に丸山ダム建設の専用線用に製造され、名鉄に移籍後、252は1500Vに昇圧改造され、1968（昭和43）年まで使用された。1958.6　Si

ススキの穂が輝く秋の本宿付近を走る7500系の新岐阜行特急。1980.11.15　Ha

本宿駅南のカーブを走る8800系パノラマDX（デラックス）と7000系白帯車の併結運転。パノラマDX登場直後の1985（昭和60）年の正月輸送では、休日に7000系白帯車と併結して豊橋と豊川稲荷に運転された。定期特急でパノラマDX（デラックス）が併結運転されたのは、この年だけである。1985.1.15　Ha

同地点を走るモ1000系と7000系パノラマカーの併結列車。1990（平成2）年10月に特急の運行方針が変更され、特急と高速の一本化により座席指定席車と一般車席の併結運転が始まると、1000系の指定席車が特急の豊橋方に連結され、なかには7000系との併結運転もあった。併結運転は、1000系と固定編成を組む1200系一般席車が出揃うまで、2年間続けられた。1990.11.4　Ha

本宿駅南のカーブを走る7500系（上）と5000系（下）。1958（昭和33）年撮影と1987（昭和62）年を比較すると、植樹でよく見えないが、線路奥に東名高速道路が建設されている。現在は1992（平成4）年の国道1号の拡幅により、風景は大きく変わっている。
上：1987.9.20　モ7508ほか　新岐阜行急行　Ha
下：1958.6　5000系特急　Si

前頁と同地点あたりを走る7000系と5500系の変組成と同一地点の5500系6連の新岐阜行高速。線路奥には1969（昭和44）年に東名高速道路が建設され、さらに1992（平成4）年頃には国道1号の拡幅と本宿駅前後の高架化工事が行われている。7000系と5500系の変組成は、事故や検査時に編成ごと休ませるのでなく、使えないユニットを5500系に差し替えて運行した時などに見られた。
上：1962.1　Si
下：1987.9.20　Ha

本宿駅南のカーブを走る7000系特急改装車(白帯車)の8連と5500系6連の岐阜行急行(右上)。現在はこのあたりから本宿駅の高架線が始まっている。1982.5.22　Ha　右上：1961.7　Si

地平時代の本宿駅。100系112編成を使った新名古屋駅開業40周年記念のミステリー鉄道ツアー列車を、7000系の高速が追い抜いていく。100系のツアー列車は国府〜新名古屋間で運転された。1981.8.12　Ha

本宿駅

　1926（大正15）年4月1日に愛知電気鉄道豊橋線として小坂井延長時に開業。1934（昭和9）年に本宿から蒲郡を結ぶ県道が開通し、途中の鉢地坂トンネル南側の眺望が箱根の景勝に似ていることから、愛知電気鉄道の子会社・愛電自動車はこのルートを新箱根線と名付け、流線形のバスを導入して観光開発を進めた。同年4月には、蒲郡に外国人観光客誘致のため、国が音頭をとって建築し、全国に15あった国際観光ホテルのひとつである蒲郡ホテル（現・蒲郡クラシックホテル）が開業している。これにあわせ本宿駅の駅舎も、蒲郡ホテルを

模したといわれる八角形の塔屋を擁した優雅な建物になった。

　急行が停車する上下線ともに待避線のある2面4線の駅で、1992（平成4）年10月24日に駅前を走る国道1号の拡幅にあわせて高架化された。

屋根に載せられた八角形の塔屋が印象的な本宿駅駅舎。残念ながら1992（平成4）年の国道1号拡幅にあわせて解体されたが、高架下の駅前に模型が飾られている。
1982.4.17　Ha

本宿駅前の国道1号を走るバスと3800系2連。国道1号を走る車は、まだ少ない。 1958.6　Si

本宿を通過する3400系の豊橋行急行。この頃、下り線側に待避線はなかったが、1974（昭和49）年8月21日に新設されている。
1958.6　Si

名電山中～藤川間

　山中越えと通称される勾配区間で、藤川から名電山中にかけては本宿に向かって16.7‰の連続勾配が続く。旧東海道と国道1号が併走しており、旧東海道とは美合～藤川間の踏切で、国道1号とは藤川宿東で立体交差をしている。1997（平成9）年3月に鳴海工場の機能を移転して舞木検査場（当初は舞木定期検査場）が開設されており、名古屋本線からの入出庫のため工場の名電山中寄りに舞木信号場がある。

名電山中～藤川間を走る7000系特急改装車の8連。登場直後は座席指定特急のみの使用を想定しており、行先部分は「豊橋」「岐阜」「犬山」「河和」「内海」「名古屋」「日本ライン」「三河湾」の8種、種別部分はブック式ではなく、裏が「回」と書かれた差し替え式となっていた。現在は、この後ろに舞木検査場がある。
1982.3.22　Ha

同地点を走る7700系と6000系。1976（昭和51）年に登場した3扉通勤車の6000系は、前面が1973（昭和48）年に登場した7700系と大変よく似ており、7700系から種別板や行先板を無くし、上部に方向幕を付けると6000系となる。1986.1.18　Ha

現在の舞木信号場付近を走るモ830形。舞木信号場は16.7‰の勾配線上に設けられた。信号場上り線側には舞木検査場通勤者のためのホームがあったが、2008年（平成20）頃から使われず、2017（平成29）年に撤去された。モ830形はモ800形の片運転台の制御車として1937（昭和12）年に2両が製造されており、1942（昭和17）年に電装されてモ830形となった。この頃モ831は、モ3500形の片運転台制御車で3扉車のク2500形2501と組成され、1979（昭和54）年に廃車となった。濃緑の塗装はロングシートのAL車に塗られていたが、1979（昭和54）年までにスカーレット化されている。1977.8.23　Ha

山綱川の短い鉄橋を渡る7000系モ7027ほか4連。現在は山側に舞木検査場が建設されている。1977.8.23　Ha

1926（大正15）年4月1日に開業した藤川駅。駅名の由来は東海道の宿場名からで、駅近くの旧東海道には1kmほど松並木が残っている。国道1号側に近接して、道の駅藤川宿がある。相対式ホームの2面2線の駅で1948（昭和23）年以前に無人化されているが、待合室を兼ねた駅舎があった。駅周辺に学校が点在することから、無人駅ながら学生の利用者が多い。2008（平成20）年から準急が停車する。2002.8.14

1926（大正15）年4月1日に開業した名電山中駅。1938（昭和13）年12月1日に愛電山中から改称している。相対式ホームの2面2線の駅で1948（昭和23）年以前に無人化されているが、駅舎は残されていた。藤川駅と共に2005（平成17）年12月に駅集中管理システムが導入された。1966年頃　Kr

現在の舞木検査場付近を走る後部に7700系2連を連結した5500系と7700系の変組成。踏切事故にあった7700系モ7703の修理に伴い豊橋方にモ5507＋モ5558が連結され、1981（昭和56）年3月から5月末まで座席にカバーを付けるなどして座席指定特急にも使用された。
1981.5.10　Ha

造成工事が終わった舞木検査場用地から撮影した5500系と1000系・1200系の一部指定席特急。1200系は1990（平成2）年の特急の運行方針変更によって1000系と組成を組む一般車として製造され、1992（平成4）年11月までに一部指定席特急は総て置き換えられ120km/hで運転されるようになった。
1994.4.17　Ha

舞木検査場

　舞木検査場は、鳴海駅付近の連続立体化工事のため、鳴海工場の移転により1997（平成9）年に開設された。名鉄全車両の定期検査や特別整備などを担当している検査場である。

　ここには、フェニックス・エンブレムを取り付けて登場時の姿に復元され、2008（平成20）年11月9日に特別運転された7000系モ7001＋モ7002編成、流線

形3400系モ3401、リニモ（愛知高速交通東部丘陵線）で実用化された浮上式リニアモーターカーの試験車HSST-100S型のほか、パノラマDX（デラックス）8800系と5500系の先頭部が保存されている。また、車籍はないが、1929（昭和4）年に製造された元三河鉄道の電気機関車、デキ300形303が移動機械として、工場内の入れ換えに使用されている。

舞木検査場の下を走る2000系ミュースカイ。中部国際空港への空港特急用に2004（平成16）年に登場した全車特別車の車両で、当初は3両組成であったが、利用者が多いことから翌年4両組成化されている。空港特急として中部国際空港への列車に使用されるが、イベント列車で名古屋本線東部や西尾線、蒲郡線などに運転されることがある。2009.10.25　Ha

舞木検査場の用地は、造成工事が終わってしばらくの間、建物は建設されなかった。名古屋本線での7000系白帯車の定期特急運用は1991（平成3）年でなくなり、撮影時は西尾線特急や初詣等の臨時特急だけになっていた。1994.1.9　Ha

7000系モ7001＋モ7002編成

リニアモーターカー試験車　HSST-100S

3400形モ3401

8800系パノラマDX先頭部

5500系先頭部

デキ300形303

現在の舞木検査場付近を走る5500系と7000系の変組成。5500系と7000系は制御器が同じであることから、故障時や検査時には5500系が代わりとして連結されることがあった。1983(昭和58)年7月から始まった7000系の特別整備では、7000系4両に5500系2両を連結した6両組成として運行された。 1985.1.15 Ha

国道1号から眺めた6000系の8連。1976(昭和51)年12月に登場した6000系は、ラッシュ時の輸送力列車に重点的に使われ、3扉の効果も大きく、定時運転に大きく寄与した。現在は後ろに舞木検査場が広がっている。 1983.3.19 Ha

国道1号をアンダークロスして名電山中に向かう3550系の普通列車。戦時下の輸送需要の増加に対応するため1944（昭和19）年に製造された3扉車で、モ3550形＋ク2550形で組成した。資材不足で一部車両が車体だけで出場し、1947（昭和22）年に電装されている。1987（昭和62）年までに全車廃車になった。
1982.3.22　Ha

7000系中間車の機器を転用し、1984（昭和59）年と1987（昭和62）年に2両組成4本が製造されたパノラマDX（デラックス）。1989（平成元）年に中間附随車のサ8850形4両を製造し、3両組成化された。1992（平成4）年に西尾線の特急に転用され、写真の8807編成が団体用に残されていた。
1994.1.9　Ha

藤川ですれ違う7000系＋5500系の6連と7000系4連。
1979.2.13　Ha

美合駅

1926（大正15）年4月1日に開業した島式ホーム2面4線の急行停車駅。1986（昭和61）年12月2日に橋上駅化されている。豊橋方に折返し線があり、この駅止まりの列車が設定されていた時期もある。

貨物の拠点駅で、南側の日清紡績への専用線もあったが1966（昭和41）年7月に廃止。その後も貨物扱いは残り、名古屋本線で最後まで残った貨物取扱駅のひとつだったが、1982（昭和57）年6月16日に廃止された。

橋上駅化前の美合駅を通過する豊橋行特急。ラッシュ時で後部に白帯特急車に改装前の7700系2連が増結されている。1982.4.17　Ha

橋上駅化前の駅舎　1966頃　Kr

美合駅での貨物の追い越し。デキ252の伊奈行ローカル貨物をデキ501牽引の豊橋（船町）行直行貨物が追い越していく。デキ500形は1940（昭和15）年に上田電鉄から購入した川崎造船製の電気機関車で、150HP×4の強力機であった。1970（昭和45）年に岳南鉄道に譲渡された。1961.7　Si

男川から美合に向けて築堤を走る7000系特急。左側の線路は日清紡績の専用線で、1966（昭和41）年7月に廃止された
1965.8　Si

男川駅は1926（大正15）年4月1日開業。相対式ホーム2面
2線の駅で、戦後には無人駅となっていたが、待合室を兼ね
た駅舎には売店があった。近年は駅近くにマンション等住
宅開発が進み、利用者数が増加している。2005（平成17）年
12月に駅集中管理システムが導入され、2008（平成20）年
12月27日に準急停車駅となった。
上：1965.8　男川駅を通過する7500系急行　Si
右：1966年頃　男川駅駅舎　Kr

東岡崎駅

1923（大正12）年8月8日、西岡崎からの延長で開業。1925（大正14）年6月15日に架線電圧を1500Vに昇圧し、神宮前まで48分で走る特急を運転した。

1958（昭和33）年7月に駅舎を改築し、バスターミナル併設の駅ビルが竣工。岡ビル百貨店が営業し1967（昭和42）年に増築されていたが、2021（令和3）年5月31日に閉店している。名古屋本線最後の貨物取扱駅で、1982（昭和57）年9月30日限りで貨物営業が廃止され、貨物用地の跡地には1988（昭和63）年にスポーツクラブが開設されたが、2021（令和3）年7月に閉業している。

貨物扱いのため、もともと下り線側に待避線があったが、1985（昭和60）年12月28日に上り線側に

も待避線が新設され、上下線とも緩急接続が可能になった。1989（平成元）年12月25日に地下の改札口と南北連絡通路が完成し、駅南側への通行が容易になった。2010（平成22）年12月24日に橋上駅舎の一部が完成し、2013（平成25）年4月1日には改札口も使用できるようになり、2019（令和元）年には東口のロータリーやペデストリアンデッキの供用が開始されている。

岡崎市と連携して駅周辺の再開発が進められることになっており、駅舎の橋上駅化と北口に鉄骨8階建ての複合施設、南口に鉄骨3階建ての商業施設が建設される予定である。

東岡崎駅に到着する3850系4連の豊橋行急行。貨物線の1番線にはデキ600形牽引の貨物列車が出発を待っている。当時、上り線に待避線はなく、新設されたのは1985（昭和60）年になってからである。
1955.8　Si

駅ビルは1958（昭和33）年7月に竣工し、岡ビル百貨店が営業していた。
1966頃　Kr

東岡崎駅を発車する3400系の豊橋行特急。戦前製ながら優秀車両である3400系は、1950（昭和25）年と1953（昭和28）年に中間車をはさんで4両組成化され、3850系、3900系とあわせクロスシートのロマンスカー4両編成が12本揃い、名古屋本線の優等列車に活躍した。1955.9　Si

南側には貨物線があり、岡崎市内線の殿橋にあった貨物駅の機能も集約して貨車の取り扱いを行っていたが、1982（昭和57）年9月末をもって貨物扱いを終了した。貨物を牽くデキ400形は1930（昭和5）年に愛知電鉄が製造した箱形の貨物機。2両あり、貨物廃止後も工事列車に活躍し、EL120形の登場で2016（平成28）年に廃車になった。1955.9　Si

菅生川（乙川）の鉄橋を渡るデキ300形牽引の貨物列車。デキ300形は6両あり、302は三河鉄道が電化に備え1926（大正15）年に製造したキ10形が前身である。1979.2　Ha

1962（昭和37）年の同地点の5200系6連。この頃、連結運転ができなかった5000系に対して5200系は2両単位で自由に編成でき、4〜6連で運行された。1962.1　Si

2002（平成14）年の同地点の流線形の名車、3400系。1993（平成4）年の鉄道友の会エバーグリーン賞受賞を契機に登場時の濃淡グリーンに塗り分けられ、さらには冷房改造も行われた。2002（平成14）年8月末に引退することになり、各線にさようなら列車が運転された。2002.8.7　Ha

徳川家康の居城であり、城下町・岡崎のシンボルである岡崎城を望んで菅生川（乙川）の鉄橋を渡る7000系特急改装車（白帯車）の8連。画面中央の左に見える煙突は、明治30（1897）年創業の県下でも有数の蚕糸業会社（三龍社）のもの。平成4（1992）年にレンガ造りの工場は解体され、現在はショッピングセンターになっている。1983.6　Ha

桜が満開の岡崎公園前駅を通過する6800系＋6500系の6連。6800系は6000系の後継車として制御方式を界磁添加励磁とした2両組成の車両で、1989（平成元）年以降に製造された3次車以降は車体のモデルチェンジが行われ、前面に大型曲面ガラスを用いた丸みのある先頭形状となった。2002.3.31　Ha

菅生川（乙川）の鉄橋を渡る5700系6連＋7700系白帯車。1989（平成元）年に5700系の中間車モ5650形＋サ5600形各2両が製造され、4両組成2本に組み込まれて6両組成化された。5700系は6両組成2本、4両組成3本が運行された。 1996.4.10　Ha

1976（昭和51）年12月に現在地に移転される前の岡崎公園前駅。1923（大正12）年6月1日、岡崎線の西岡崎として開業。同年8月8日に東岡崎に延長されるまで、終点であった。複線化にあわせて1925（大正15）年6月5日に東に260m移転し、1936（昭和11）年4月1日に駅名を岡崎公園前に改称している。1971（昭和46）年2月の無人化を経て、1976（昭和51）年12月1日に国鉄岡多線中岡崎駅との接続改善のため、約200m西の現在地に移転した。
1966頃　Kr

現在の岡崎公園前駅あたりを東岡崎に向かう5200系の豊橋行特急。進行方向に移転前の岡崎公園前駅が見える。
1962.8　Si

桜と菜の花が咲く菅生川（乙川）河原から鉄橋を渡る7500系を望む。岡崎市民にはお馴染みのアングル。
1989.3.30　Ha

矢作橋駅

　1923（大正12）年6月1日に開業。1926（大正15）年4月1日の矢作橋〜東岡崎間複線化に際しては、合併した東海道電気鉄道の設計により、線路中心間隔が他線区の11フィート（3.35m）から国鉄車両も運行できる13フィート（3.96m）に拡大された。

　駅舎は1992（平成4）年11月に改築され、2023（令和5）年3月から無人化された。2005（平成17）年1月29日から準急が停車する。

　ホームは島式・相対式の2面3線で、留置線と東部線区向けのバラスト積み込み線が各1本ある。

矢作橋駅舎。1992（平成4）年11月に建て替えられた。1966頃　Kr

矢作川の旧橋梁を渡る3900系の4連。橋梁は1971（昭和46）年4月に単線並列の複線橋梁に架け替えられた。長さは327.5mで空港線の中部国際空港連絡鉄道橋、名古屋本線の木曽川橋梁に次いで名鉄では3番目の長さである。1958.4　Si

矢作橋から矢作川橋梁に向かう
5200系2連の普通列車。駅構内
から東岡崎にかけて東海道電気
鉄道の設計を流用して線路中心間
隔が13フィート（3.96m）で建設
されている。右に分岐する路線は
1960（昭和35）年に操業を開始
する東洋レーヨン岡崎工場への専
用線で、敷設直後の撮影。
1959.11　Si

東洋レーヨン岡崎工場の専用線で
貨車の入れ換えを行うDB-2。この
専用線は1972（昭和47）年5月
10日に廃止されている。
1959.11　Si

矢作橋には東部線用のバラスト
積み込み線がある。デキ400形
は、2015（平成25）年5月から
EL120形に置き換えられた。
2011.7.24　Ha

2008（平成20）年12月26日に定期運用から7000系が外れた後も、同年10月に白帯車として再整備された7011編成が、翌2009（平成21）年8月30日の最終運行まで、イベント列車に活躍した。同車は1999年に一般車に格下げ後も、内装が特急仕様のままであった。
2009.4.26　宇頭〜矢作橋　Ha

宇頭駅は1923（大正12）年6月1日開業した相対式ホームの2面2線の駅で、1983（昭和58）年10月に跨線橋が設けられた。駅集中管理システムの導入により2004（平成16）年に無人化された。
1966頃　Kr

宇頭〜新安城間を走る登場直後の7000系特急改装車（白帯車）7021編成。周囲には日本のデンマークと呼ばれる豊かな田園地帯が広がっている。
1983.3.19　Ha

宇頭～新安城間の3300系。支線の冷房化率を高めるため、1987(昭和62)年に廃車になった3850系や3900系の台車や機器を流用し、6000系5次車以降に似た外観の車体を新造したAL車。モ3300形＋モ3350形＋ク2300形の3両組成で、4本12両が製造された。小牧線を中心に運用されたが、同線と地下鉄上飯田線との直通運転用に300系が投入されたことで、2003(平成15)年3月に全車が廃車になった。1987.12.13　Ha

田植えが終わった水田に姿を写し、新安城～宇頭間を走るデキ400形が前後についた工事用臨時列車。矢作橋に東部線用のバラスト積み込み線があることから、このあたりではしばしば見ることができる。2010.6.6　Ha

新安城(今村)駅

西尾線との分岐駅で、1923(大正12)年6月1日、愛知電気鉄道新知立(後の東知立)～西岡崎間開業時に今村駅として開業。西尾線の前身である碧海電気鉄道今村～米津間は1926(大正15)年7月1日に開業している。

もともと上り線に待避線はあったが、1948(昭和23)年5月に下り本線から西尾線が使用していた4番線(現3番線)に分岐器を設置している。1965(昭和40)年1月1日に駅南にあった愛知紡績への専用線を廃止した。

1969(昭和44)年3月21日に北口に鉄筋4階建て駅ビルが完成、改札口は地下となった。1970(昭和45)年5月1日に駅名を新安城と改称している。2020(令

1969(昭和44)年に完成したアパート併設の駅ビル。改札口は地下に移された。Kr

和2)年12月19日の橋上駅化により、改札口は橋上駅舎内に切り替えられた。ホームは島式3面6線で、1番線は西尾線の折返し用。西尾線への直通列車は2,3番線を使用する。

急行停車駅であったが、1974(昭和49)年9月17日以降、一部特急が停車し、緩急結合輸送が行われている。

引退を控え、「Last Memory」のヘッドマークを付けた8800系パノラマDX(デラックス)が新安城で並ぶ。8800系は観光開発に力を入れてきた犬山地区と南知多を結ぶ観光特急用として1984(昭和59)年12月に登場したハイデッカーの前面展望室付車両で、車内には1人掛けのロマンス席やコンパートメント風のサロン席などがあり、座席指定料金が250円の時代にDX料金として倍の500円を徴収した。1992(平成4)年から座席等を改装して津島と西尾線を結ぶ全車指定席の特急に転用され、2005(平成17)年に廃車となった。
2005.1　Ha

牛田駅。1923(大正12)年6月1日、西岡崎への延伸により開業。2面2線で無人化されていたが、1992(平成4)年9月に駅舎を新築して有人化。駅集中管理システムの導入で2004(平成16)年に再度、無人化されている。
1966頃　Kr

5000系の豊橋行急行を追い抜く7000系特急。1974（昭和49）年9月17日以降、特急の一部が停車し、急行に接続した。
1964.10　Si

今村を発車する3900系。3900系は3850系の増備車として1952（昭和27）年に2両組成で登場したが、翌年に中間車を組み入れ4両組成となった。右に分かれる路線は西尾線。愛知紡績の入れ換えに使われていたデキ50形51が右に見える。
1957.2　Si

知立駅

現在の知立駅は、異なる位置にあった名古屋本線と三河線の知立駅の知立駅を統合するとともに、名古屋本線から三河線に直通運転ができるように駅を移設して1959（昭和34）年4月1日に開業した。

最初の知立駅は、大浜港（1954（昭和29）年に碧南に改称）〜挙母（1959（昭和34）年に豊田市に改称）間で路線建設を進めていた三河鉄道が、1915（大正4）年10月28日に、高架化に伴う移転前の三河知立駅の場所に開業した。一方、有松裏（現・有松）から岡崎に向けて路線建設を進めていた愛知電気鉄道は、当初はこの知立駅に乗り入れる計画であったが協議がまとまらず、三河鉄道線を越えて東に伸ばすこととして、1923（大正12）年4月1日に現・知立駅の西に仮設の新知立駅を設けた。そして2ヶ月後の同年6月1日の西岡崎延長にあわせ、交差地点に島式ホームを設けて新知立を移設。100mの通路で三河鉄道と連絡した。

三河鉄道との合併話が進む中、1928（昭和3）年6月1日には、知立分岐点（後の知立信号場）から知立駅を結ぶ0.8kmの知立連絡線が開通したものの、三河鉄道側の粉飾決算の発覚で合併話はいったん頓挫す

る。1941（昭和16）年6月1日に両社は合併し、新知立は知立と改称され、同一駅となった。知立連絡線は貨物用であったが、1950（昭和25）年9月17日の名古屋本線から三河線大浜港への直通特急の運転にあたり、知立信号場で折り返し、連絡線を介して三河線に乗り入れている。

統合後の知立駅は、社内では必要に応じて豊橋線（後の名古屋本線）側を「A知立」、三河線側を「B知立」と呼んで使い分けていた。A知立は高架線上でホーム幅が狭いことから、上りは豊橋方向、下りは

鉄筋コンクリート2階建てだった知立駅舎。1966頃　Kr

統合前の知立駅。名古屋本線の通称「A知立」駅から三河線の「B知立」駅を望む。両駅は100mの通路で連絡していた。
1956頃　Kr

名古屋方向に停車位置をずらして混雑緩和を図っていた。

その後、国鉄東海道本線電化への対抗策のひとつとして三河線への直通運転が計画され、それに伴い1959（昭和34）年4月1日に現・知立駅へ移転した。移転後の旧駅は、三河線側は三河知立、名古屋本線側は東知立と改称されたが、東知立は利用者が少ないため、1968（昭和43）年1月7日に廃止されている。移転に伴い、豊田市と碧南を結ぶ三河線の列車は知立で折り返して運行するようになり、貨物用に残されていた在来線も1975（昭和50）年に廃止された。なお、移転後の知立駅のホーム相互間は地下道で連絡したが、その階段は三弘法詣りの高齢者に配慮して、勾配が緩やかに設計されていた。

知立駅周辺は鉄道により市街地が分断されているため、2000（平成12）年から連続立体交差事業が進められており、2階に2面4線の名古屋本線ホーム、3階に2線が折返し線となった2面2線の三河線ホームが設けられる。まず、2023（令和5）年3月21日に名古屋本線の上り線が高架

に切り替えられた。

三河線との連絡駅という要衝であるが、所要時間短縮のため、特急列車が通過していた時期がある。1969（昭和44）年7月〜1970（昭和45）年12月までと、1992（平成4）年11月24日〜1999（平成11）年5月10日の間で、定期特急のうち、1時間に1本が通過した。JRとの競争で豊橋への時間短縮をすることが目的だった。また、名古屋までの所要時間が短いことから、座席指定特急もラウンドダイヤ化される1974（昭和49）年9月までは原則通過であり、その後も朝の名古屋方面の特急は通過した。こうした運行は豊橋への特急がすべて一般席併結となる1997（平成9）年4月4日まで続いた。

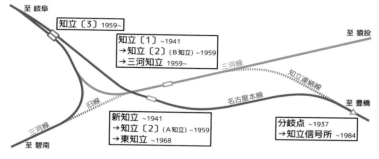

築堤上にあった東知立駅ホーム　Kr

東知立駅舎。利用者が少ないことから、1968（昭和43）年1月7日に廃止された。1966頃　Kr

三河線の三河知立駅（最初の知立駅）駅舎。1966頃　Kr

知立駅に到着する座席指定特急「勝馬」の7000系。「勝馬」は、中京競馬場で開催される重賞レースの折に運転された新名古屋〜中京競馬場前間の短距離特急だった。1979.2.12　Ha

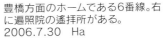

豊橋方面のホームである6番線。右に遍照院の遙拝所がある。
2006.7.30　Ha

地平時代の地下道への入口。知立名物の大あんまきの売店があった。2015.11.16　Ha

名古屋本線豊橋方面ホーム（6番線）の豊橋方にあった三河三弘法一番札所である遍照院の遙拝所。2006.2.27　Ha

開業直後の知立駅の1〜4番線（三河線ホーム）。1957（昭和32）年から木製車を鋼体化したHL車の3700系が並んでいる。
1959.5　Si

高架化工事前の1〜4番線三河線ホーム。2006.7.30　Ha

三河線用の3,4番線と3番線で折り返すデキ400形牽引の貨物列車。新駅への移転で三河線を直通する列車は知立駅で必ずスイッチバックしなければならなくなった。これに伴い豊田市方面が山線、碧南方面が海線とよばれるようになった。貨物用に残っていたデルタ線の旧線は1975（昭和50）年までに廃止され、刈谷と三河広瀬の間で運転されていた貨物列車は、三河知立で機関車を両端につけ、知立で折り返した。
1978.12.26　Ha

知立駅に停まる7000系最終運行列車。
2008.12.26　Ha

一ツ木駅

1923（大正12）年4月1日、有松裏（現・有松）～新知立（仮）駅間開通に伴い開業。三河三弘法二番目の札所である西福寺の最寄駅であることから、駅舎は寺院風の立派なものであった。2面2線で相対式ホームがあり、1970（昭和45）年3月16日に無人化されるが、駅舎や待合所の建物は1980年代初めまで残っていた。2004（平成16）年9月15日より駅集中管理システムの使用を開始している。

一ツ木駅の富士松側を走る1000系パノラマスーパーの登場20周年記念列車。全車特別車として残っていた1001編成に記念マークを付けて2008（平成20）年7月8日から運転した。2009.4.18　　Ha

逢妻川を渡り、一ツ木に向かう7000系白帯車の西尾（吉良吉田）行特急。名古屋本線の特急が1200系の新造で一部特別車の編成に変わり、全車特別車で残った犬山・河和線の特急も1000系に置き換えられると、7000系白帯車の特急は吉良吉田行の西尾線特急や臨時列車に限定されていった。
1994.9.25　Ha

1964（昭和39）年から1966（昭和41）年にかけて、半鋼製HL車を鋼体化した3730系の碧南行急行。三河線への直通列車は、もっぱらHL車が充当されていた。加速が悪く、速度の出ないHL車の本線急行での使用は、ダイヤ上の制約でもあった。
1981.4　Ha

一ツ木駅は普段は普通列車しか停車しないが、待合所もある立派な駅舎があった。三河三弘法二番目の札所である西福寺が近く、命日には多くの利用者があり、臨時停車がおこなわれたこともある。無人化後は、寺院風の待合所は自転車置き場になっていた。
1981.4　Ha

夕暮れの7000系。前面展望室のある7000系のシルエットは印象的だ。富士松〜一ツ木　1978.12.11　Ha

富士松駅

　1923（大正12）年4月1日、有松裏（現・有松）
～新知立（仮）駅間開通に伴い開業。当初の
駅名は今川であったが、1952（昭和27）年3月
1日に駅前にあったお富士の松にちなんで富
士松に改称されている。相対式ホームの2面
2線で、1971（昭和46）年から始まった刈谷市
の駅周辺整備事業に伴い、駅舎が1982（昭和
57）年7月6日にテナント併設の建物に建て替
えられた。駅集中管理システムの導入で2004
（平成16）年9月15日に無人化され、2014（平
成26）年3月23日に南口駅舎が設けられた。

逢妻川への築堤を走る5200系4連を2本連結したSR
車8連の豊橋行高速。ラッシュ時の優等列車には8両
編成が必要になることから、SR車が多用された。先頭
の5200形の窓は竣工時の一段下降式であるが、雨水
による腐食が激しく1978（昭和53）年から1980（昭
和55）年にかけて、二段式に改造されている。冷房化
が行われなかったことから1987（昭和62）年までに
廃車となり、主要機器は5300系に充当され、車体は豊
橋鉄道に譲渡された。
富士松～一ツ木　1978.12.11　Ha

架け替え前の逢妻川橋梁を走るク2561＋モ3505の蒲郡・西尾線からの森上行津島・尾西線直通急行。逢妻川の橋梁は、1985（昭
和60）年7月に現在のコンクリート橋梁に切り替えられている。1978.12.11　Ha

非冷房のSR車5000系、5200系の置き換え用に1986（昭和61）年に製造された車体更新車の5300系と界磁チョッパ制御の5700系は、側面がパノラマカー譲りの連続窓で、2扉クロスシートの名鉄ロマンスカーの伝統を受け継ぐ最後の車両だった。5300系（前）と5700系（後）を連結した8連の快速急行岐阜行。富士松〜一ツ木　2008.3.26　Ha

1993(平成5)年に鉄道友の会からエバーグリーン賞の受賞を契機に、登場時の濃淡グリーンに塗られた3400系モ3401編成の碧南行急行。1994(平成6)年には床下設置型の冷房装置を採用して、外観を損なわないよう冷房化改造も行われている。同年夏には津島線〜三河線の定期急行に充当され、豊明から富士松へのアップダウンを100km/hで快走した。1995.9.3　Ha

1982(昭和57)年の駅舎改築前の富士松駅。1982.1.15　Ha

夕陽に流線形車両である850系の個性あるシルエットが浮かび上がる。
豊明〜富士松　1981.11.23　Ha

夜明けの豊明〜富士松間を走る7000系7011編成。2008.12.23　Ha

7000系の定期運用も残りわずか。昇りつつある朝日に7000系が輝く。豊明～富士松　モ7044ほか4連　2008.12.23　Ha

豊明駅

　1923（大正12）年4月1日、有松裏～新知立（仮）駅間開通に伴い開業。開業時は阿野であったが、豊明村（当時）に村名を冠する駅がないことから地元から駅名改称の要望があり、それを受け1956（昭和31）年9月1日に豊明に改称している。

　1953（昭和28）年に上下両線の待避線が設けられており、2000年に前後に待避線ができるまでは鳴海～新安城間で唯一の待避可能駅であったことから、普通列車の待避や折返しが行われた。1995（平成7）年から橋上駅化およびホーム増設工事が行われ、1996（平成8）2月に橋上駅となりホームを延伸し8両化、1997（平成9）年3月にホームが1面増設され3面6線になった。1999（平成11）年に富士松方に豊明検車区（後に豊明検車支区に改称）が開設され、1,2番線から入出庫する。駅集中管理システムの導入で、2004（平成16）年8月に無人化された。

　長年に亘り、優等列車は急行が特別停車するだけであったが、2005（平成17）年より準急が停車。2008（平成20）年12月からは西尾系統の急行が毎時2本停車している。

橋上駅化前の豊明駅舎。1995.4.13　Ha

橋上駅化とホーム増設前の豊明駅。この頃は普通列車のみ停車し、特急や急行など優等列車を待避していた。1995.4.13　Ha

豊明の前後方ですれ違う7300系の急行と3730系。7300系は津島〜三河線の支線直通特急用に3800系などのAL車の機器を用いてパノラマカーに準じた車体を製造した車体更新車で、冷房も完備し、一見パノラマカーに見える外観だったが吊掛駆動車だった。30両が製造され、1997（平成9）年に全車廃車になり、28両が1500Vに昇圧する豊橋鉄道に譲渡された。 1979.12.30　Ha

豊明駅南の境川の鉄橋付近を走る7000系白帯車と6000系。現在は上部を伊勢湾岸自動車道が通っている。1982.3.20　Ha

前後駅

　1923（大正12）年4月1日、有松裏（現・有松）〜新知立（仮）駅間開通に伴い開業。珍しい駅名で、その由来には諸説ある。2面2線の相対式ホームの駅であったが、再開発事業にあわせて1987（昭和62）年12月に橋上駅化され、翌88（昭和63）年4月に上り線（豊橋方向）の待避線が完成。駅前にバス乗り場が設けられた。2003（平成15）年3月には下りの待避線も完成して、上下線とも待避が可能になった。

　豊明市の中心駅であると共に、藤田保健衛生大学病院などへのバスの結節駅であり、周辺の都市化もあって利用者が増加していることから、1970（昭和45）年12月に準急停車駅となり、2000（平成12）年3月から急行、2005（平成17）年1月には快速急行も停車するようになった。上下線とも待避が可能な急行停車駅であることから、緩急結合輸送がおこなわれている。

地平時代の前後駅。駅前は狭く、
バスは駅前まで入れなかった。
1966頃　Kr

相対式ホームだけで、待避線のない頃の前後駅です
れ違う7000系8連と7000系6連。この頃には高層
の建物はなく、再開発によって1988（昭和63）年に
商業・住宅ビルのパルネスが建設された。
1979.2.12　Ha

前後を出発し、豊明に向けて切り通しを抜ける3700系2連。1957（昭和32）
年に木造車の車体更新車として製造されたHL車の3700系は、最初に登場
した2本は全電動車で組成した。モ3703＋モ3704　1959.3　Si

前後駅に到着するク2311＋モ801＋ク2554＋モ3554のAL車4連。周辺
は都市化が進み、駅を跨ぎこす道路ができたりして、このあたりは大きく変貌
している。1979.12.30　Ha

中京競馬場前・有松・左京山駅

名古屋本線の神宮前〜有松（旧・有松裏）間は、愛知電気鉄道による常滑線に続く開業区間である。愛知電鉄では名古屋市内の東陽町など積極的な路線拡大を計画するが、資金難で具体化しなかった。こうした中、後に電力王と呼ばれる福澤桃介が社長に就任して会社再建を進めると共に、有松絞りの産地であり、東海道の間宿（あいのしゅく）として発展していた有松の有力者が出資を引き受けたことから有松線を旧東海道沿

いに建設することとして、1917（大正6）年3月19日に神宮前〜笠寺（現・本笠寺）間、同年5月8日に有松裏（現・有松）まで開業する。福澤桃介は同年6月に社長を辞任するが、愛知電鉄ではさらに東への延伸を計画する中で、福澤が木曽川で発電する電力の消費方法として計画していた東海道電気鉄道を合併することで、その将来を名古屋〜豊橋間の直通実現にかけることにして、1923（大正12）年4月には知立への路線が開業した。

中京競馬場の巨大なスタンドが丘の上にそびえ立つ中京競馬場前〜前後間を走る7000系4連。
1979.12.30　Ha

中京競馬場前を通過するHL車の3700系2連の八百津・御嵩行特急。この頃は特急優先時代で、神宮前〜知立間では1時間あたり、実に10本もの特急が走っていた。
1967.06　Si

中京競馬場前駅

JRA中京競馬場の開設にあわせ、1953（昭和28）年7月15日に開業した比較的新しい駅。駅南方に桶狭間の古戦場があり、1931（昭和6）年から1935（昭和10）年頃まで、当駅から東200mの国道1号を越えたあたりに桶狭間駅があった。1979（昭和54）年6月に新駅舎が完成し、2001（平成13）年3月には大規模な改装が行われている。基本は準急停車駅であるが、中京競馬場のレース開催日には急行が臨時停車し、G1レースがあるときには快速特急や特急も停車する。
1966頃　Kr

有松駅

1917（大正6）年5月8日に愛知電気鉄道有松線の終着駅として開業。当初の駅名は有松裏だったが、1943（昭和18）年11月1日に有松と改称されている。相対式ホームの2面2線で、1977（昭和52）年1月に上り線、下り線それぞれに旧東海道の町屋風のレトロな駅舎に建て替えられたが、2001（平成13）年10月14日に橋上駅化されている。1970（昭和45）年12月25日〜1990（平成2）年10月29日と2005（平成17）年1月29日から準急停車駅。Kr

左京山駅

1942（昭和17）年6月10日に開業した比較的新しい駅で、大高緑地公園がすぐ南にあることから駅名に緑地公園前が付加されていたことがある。駅員配置駅として小規模な駅舎があり、1979（昭和54）年頃に瀬戸線栄町乗り入れ工事に際し、土居下仮駅に設けられていた駅舎が転用された。2面2線の相対式ホームで、2004年9月の駅集中管理システムと鳴海駅前後の高架化工事による仮線使用で名古屋方面の下り線に簡易な駅舎が設けられ、2007（平成19）年8月の無人化で豊橋方面への上り線にも同様の駅舎が設けられた。
1966年頃　Kr

鳴海駅

1917（大正6）年5月8日に愛知電気鉄道有松線の有松裏（現・有松）延伸に伴い開業。駅名は東海道の宿場名からである。愛電では子会社の鳴海土地を設立し、1927（昭和2）年10月17日に愛電球場（鳴海球場／

2万人収容のスタンドがあり、1936（昭和11）年には日本最初のプロ野球の試合が開催された）、1929（昭和4）年に鳴海住宅の分譲を始めるなど、積極的に沿線開発を行った。1930（昭和5）年3月28日に神宮前車

地平時代の鳴海駅。左は1993（平成5）年に登場したVVVFインバーター制御の3扉通勤車3500系。1997.2　Ha

駅の南には車両の全般検査を行う鳴海工場と鳴海検車区があり、鳴海工場の機能は舞木検査場、検車区の機能は、一旦分散の後、豊明検車支区に再集約された。　1997.2　Ha

庫の移転により鳴海車庫が新設され、以来、車両の全検も行う鳴海工場へと発展し、また乗務区もあるなど、運転上、重要な駅であった。

昭和30年代前半は、上下とも待避線のある島式と相対式を組み合わせた3面5線であったが、1935（昭和35）年9月10日に地下通路が完成し、下りのみ待避線のある島式2面3線となった。その後、1970（昭和45）年12月20日に上り待避線が新設され、2面4線となった。1983（昭和58）年7月29日に駅舎が改築されている。

1995（平成7）年から山崎川～左京山駅間2.3kmの高架化工事が始まり、駅部分に先行して、1997（平成9）年3月に鳴海工場の機能が舞木検査場に移され、検車区が担っていた列車検査機能は犬山、新川、茶所に分散の後、1999（平成11）年に豊明検車区（後に検車支区）に再集約された。その後、高架化工事が本格化して2006（平成18）年11月25日に完成し、2006（平成18）年11月25日に完成し、外側の1,4番線が本線の2面4線となった。上り方に2本の引上線がある。

急行停車駅で、支線直通の特急（全車特別車の特急を含む）が停車していた時代もある。

1935（昭和35）年9月に地下通路ができ、配線が変更される前の鳴海駅。3面5線で優等列車は真ん中の島式ホームを使用し、普通列車は両側のホームを使って待避した。 左　1956.3　右　1958.6　Si

上り線に待避線がなかった頃の鳴海駅。上り待避線は1970（昭和45）年12月に新設された。1966頃　Kr

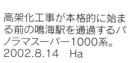

高架化工事が本格的に始まる前の鳴海駅を通過するパノラマスーパー1000系。2002.8.14　Ha

1983（昭和58）年7月に改築される前の鳴海駅舎。1966頃　Kr

鳴海駅に停車中の6000系6003編成の美合行高速。方向幕が故障のため、種別と行き先板を掲げた珍しいシーンで、こうすると一見7700系である。1981.4.14　Ha

天白川と扇川に挟まれた名古屋市上下水道局の鳴海水処理センター横を走るモ6008ほかの6000系8連。1976（昭和51）年に高性能車として初めての3扉車として登場した6000系は、ラッシュ時の輸送改善に大きく寄与し、後の名鉄通勤車の規範となった。1981.9.4　Ha

鳴海を出発して天白川の橋梁にかかる7000系と7700系の8連急行。朝日にパノラマカーの側面が輝く。1993.4.7　Ha

本星崎駅

　1917（大正6）年5月8日に愛知電気鉄道有松線の有松裏延伸に伴い開業。開業時に常滑線柴田駅が星崎の駅名であったことから、区別するためこの駅名になった。1927（昭和2）年12月28日に複線化された相対式ホームの2面2線の駅で、天白川に向かいS字状にカーブする半径360mの曲線部分にホームが位置する。駅集中管理システムの導入で2004（平成16）年9月に無人化され、駅舎も改築された。

阿原公園の桜を眺めながら天白川の鉄橋にかかる7500系6連。1988（昭和63）～1991（平成3）年に行われた特別整備で、7513編成までの7本が前面の逆富士型行先表示器を電動幕化し、側面にも行先表示器が取り付けられた。1993.4.7　Ha

パノラマDX（デラックス）8800系は、1987（昭和62）年7月に2次車2連2本を増備し、2編成を連結した4連も見られるようになった。1987.12.13　Ha

本星崎駅舎。1966頃　Kr

春には車窓から花見を楽しませてくれる笠寺小学校の桜。6500系は6000系の後継として1984（昭和59）年2月に登場した界磁チョッパ制御の3扉通勤車で、1992（平成4）年の8次車まで4連24本が製造された。登場時は、前面窓上部と乗降扉上部が明るいグレーで塗装されていた。1989（平成元）年までに製造された17本は前面窓下にステンレスの飾り帯があることから、「鉄仮面」の愛称がある。1986.4.6　Ha

笠寺小学校の下を走るデキ400形牽引の工事列車。2011.4.6　Ha

本笠寺駅

有松裏（現・有松）までの開業に先立ち、1917（大正6）年3月7日に開業。当初は笠寺であったが、1943（昭和18）年6月1日に国鉄東海道本線に笠寺駅が開設されたことから本笠寺に改称している。

1959（昭和34）11月11日に駅舎改築と配線変更が行われ、待避線が新設されてホームは6両対応の島式の2面2線となり、地下道が設けられた。堀田～鳴海間で唯一、待避設備のある駅で、普通列車はここで優等列車を待避する。近くに尾張四観音のひとつ、笠寺観音があり、節分会の日には急行・準急が臨時停車する。

本笠寺駅は笠寺台地の端にあり、駅の南では環状線を走る名古屋市電と立体交差していた。名古屋市電は、1974（昭和49）年3月で廃止になっている。上を走るのは、1941（昭和16）年に製造されたモ3350形（→モ3600形）と同じ仕様の片運転台車であるモ3650形3651と、元知多鉄道で1942（昭和17）年に名鉄モ3500形と同じ仕様で製造されたク950形（→モ950形→モ3500形→ク2650形）が出自のク2650形2651。
1974.3　Ha

1959（昭和34）11月に改築された本笠寺駅。
1966頃　Kr

桜駅

　駅名である「桜」は植物名ではなく、狭い窪地を指す「サ（狭）・クラ（座・谷）」の佳字の当て字という。その漢字のイメージにあうよう、ホームには桜の木が植えてあったが、年と共に樹勢は衰えているように見える。

　有松線の笠寺（現・本笠寺）暫定開業にあわせ、1917（大正6）年3月7日に開業。1930（昭和5）年4月5日に複線化され、相対式ホームの2面2線となった。1983（昭和57）年5月17日に駅舎が改築され、跨線橋が新設された。駅集中管理システムの導入で、2004（平成16）年8月に無人化された。

桜駅駅舎。下り線側だけに小さな駅舎があった。1966頃　kr

桜が咲く桜駅を通過するモ3600系3604を先頭にした蒲郡行急行。モ3600形は、1940（昭和15）年12月にモ3350形として登場し、東芝製のPB-2Aという電空油圧カム軸式多段制御器を採用した戦前の最優秀車。1952（昭和27）年に形式称号変更でモ3600形となり、複電圧車に改造され、三河線や広見線の観光列車に使用された。モ3604は1960（昭和35）年以降に高運転台化され、窓上部にあったカーブがなくなり、優雅さが失われている。
1978.4.9　Ha

桜駅を発車するモ3850形3851ほか4連。
1978.4.9　Ha

桜咲く桜〜呼続間の笠寺台地の切り通しを抜けるモ3557を先頭にしたAL6連急行。(3550系＋3850系＋？)犬山線に向けて運行
され、犬山で新岐阜行と新可児行に分割した。1985.4.9　Ha

呼続駅

有松線の笠寺（現・本笠寺）暫定開業にあわせ、1917（大正6）年3月7日に開業した相対式ホームの2面2線の駅。山崎川南の低湿地に駅があり、堤防には増水時に水を止める閘門がある。駅舎は下り線側にあり、現在も古い建物を改装して使用している。2004（平成16）年9月に駅集中管理システム導入により無人化された。

解放感あふれた他に例をみないファサードで、戦後の1950（昭和25）年に建設された。
1966頃　Kr

堀田の高架線を駆け下りるモ3556を先頭としたAL車8連の吉良吉田・豊明行急行884列車。鳴海で分割し、前4両（AL車2連×2）は三河線経由の吉良吉田行急行になり、後ろ4両（3900系OR車）は豊明行普通となった。1980.5.10　Ha

朝の呼続駅を通過する5500系と5200系を連結した8連の新岐阜行急行。笠寺台地と山崎川の境に駅があった。
1980.5.10　Ha

呼続を発車し、笠寺台地にかかるため、吊掛モータの音も高らかに速度をあげる3800系モ3834＋ク2834。1977.3　Ha

堀田駅

名古屋市電東郊線が1927（昭和2）年4月17日に堀田まで開業したことを受けて、翌1928（昭和3）年4月15日に開業。1930（昭和5）年7月11日の井戸田付近の曲線改良で、駅の位置は若干移動していると思われる。特急停車駅で、同年9月20日から運転を始めた超特急も停車した。

駅の両側に貨物扱い場のある広い構内を持ち、名古屋本線東部方面の貨物の拠点で、豊橋までの直通貨物も運転されていた。貨物扱いは1965（昭和40）年9月1日に廃止されている。旅客用のホームは2面2線の島式で駅舎からは地下道で連絡していたが、高架工事が始まると貨物線跡に仮線が建設され、ホームには跨線橋が新設された。神宮前～呼続間1.7kmの高架線は1969（昭和44）年2月23日（下り線は1968（昭和43）年4月28日から）に使用開始され、堀田駅は新幹線に多い本線が通過線方式の相対式ホームの2面4線の線形となり、緩急接続はできなくなった。なお、仮駅で設置された跨線橋は1970（昭和45）年6月金山橋に移設された。仮線跡には鉄筋10階建ての駅ビルが建設された。

堀田で停車中の登場直後の7100系を7000系の白帯特急車が追い抜く。7100系は7000系の6連を4連化して特急改装する際に抜き出された7050形7100番台の中間車に、1954（昭和59）年7月に運転台の取り付け改造をして4両組成としたもので、運転台は6000系8次車と同じ前面貫通式で、標識灯は同時期に製造された6000系9次車と同じ角型2灯である。1987（昭和62）年に2連化された。1984.7.15　Ha

高架化された堀田駅を発車する3400系。高架化により堀田は新幹線スタイルの通過線がある駅となった。1981.6.8　Ha

堀田の高架線を走る850系と3400系。戦前に製造された流線形車両の出会いである。モ850形は、東部線の流線形車両3400系の西部線版として、旧名岐鉄道のデボ800形を設計・改良して製造された流線形車両で、正面妻上部に3本の白線(ヒゲ)が描かれたことから「なまず」の愛称があった。1981.8.30　Ha

堀田を出発し、神宮前に向かう3400系の急行。旅客用ホームの両側に貨物側線があり、貨物の拠点であったことがわかる。南側の側線はセメントの専用線につながっていた。1956.3　Si

地平時代の堀田駅。3900系の豊橋行急行が3850系の鳴海行普通電車を追い抜いていく。旅客ホームの北には貨物ホームがある。1957.2　Si

下り線が高架化された1968（昭和43）年5月頃の堀田駅。駅舎は移転せず、貨物線跡につくられた仮線のホームには跨線橋が設けられたが、下り線側は高架線移転に伴い撤去されつつある。撤去された跨線橋は、金山橋に移設された。No

駅東側で現在の空港線の踏切を通過する7000系。堀田駅前電停に名古屋市電1600型が停車している。1967.11　Si

堀田駅前まで来ていた名古屋市電。停留場とは歩道橋でつながっていた。名古屋市電の東郊線は1972（昭和47）年3月1日に廃止された。　1972.1.27　Ha

1960（昭和35）年2月に南口が開設され、ホームとは地下道で連絡した。1967.11　Si

神宮前駅

名古屋本線と常滑線の分岐駅であると共に、東口には鉄道事業本部や現業部門のはいる鉄道センタービルがあり、鉄道部門の中枢となっている。

元々は名古屋市内への路線延伸を目論んだ常滑線の駅として、1913（大正2）年8月31日に開業した。その後、資金難から名古屋市内への路線よりも有松への路線建設を進めることになり、1917（大正6）年3月7日に有松線が笠寺（現・本笠寺）まで部分開業している。

駅は東海道本線の東側で、名古屋市電への乗り換えが不便だったことから、1934（昭和9）年5月1日に跨線橋を架けて西口に駅舎を設け、1942（昭和17）年7月1日には常滑線用の西口ホームを設置した。1944（昭和19）年9月1日に東西連絡線が新名古屋へ開通し、戦後の1948（昭和23）年5月12日には西部線の架線電圧が1500Vに昇圧され、16日より新岐阜〜新名古屋〜豊橋間の直通運転が開始された。

1978（昭和58）年12月3日には橋上駅舎と東駅ビルが竣工し、東駅ビルには鉄道の現業部門がはいった。翌年には新跨線橋の設置により11月10日に西口駅舎の駅機能が廃止され、1983（昭和58）年9月の駅西口ビル竣工につながっていく。1984（昭和59）年8月26日に路線別の配線が方向別に変更された。1990（平成2）年4月1日には金山〜神宮前間の複々線化が行われている。

2012（平成24）年4月27日には鉄道センタービルが完成し、鉄道現業部門や運転指令が駅東口ビルから移転した。駅西口ビルは2021（令和3）年6月20日に商業施設が閉店し、同年7月21日に東口に商業施設の「μPLAT（ミュープラット）神宮前」がオープンしている。駅西口ビルは解体され、2024（令和6）年9月に商業施設の「あつたnagAya」がオープンする。

空から見た神宮前駅の南側。現在、ホームセンターがある場所には1915（大正4）年に名古屋電燈が火力の熱田発電所を開設し、開業間もない愛知電気鉄道に電力を供給した。発電所は1944（昭和19）年に廃止され、跡地は1957（昭和32）年頃に木材会社に売却された後、2005（平成17）年にホームセンターとなった。名古屋本線と常滑線が方向別配線となる前なので、当時の線形もよくわかる。1983.7　Ha

名古屋本線と常滑線が方向別ホームになる前の神宮前を出発する豊橋行7000系特急改装車（白帯車）。1983.1.29　Ha

1962（昭和37）年12月16日に常滑線の複線跨線橋が完成し、配線が大きく変更される前の神宮前で、単線時代の常滑線の列車から撮影している。駅の南には留置線があり、西部方面から神宮前駅止まりの列車も数多くあった。1955.12　Si

新堀川の鉄橋を渡る3両編成。先頭と3両目は元知多鉄道のモ910形、2両目は碧海電鉄のデハ100形を戦後に電装解除したク1010形。新堀川は蛇行していた精進川を1910(明治43)年に付け替えたもので、水運が使えることから川沿いには日本車輌をはじめとする工場や、江戸期以来の木材問屋、名古屋電燈の発電所などが並んでいた。1957.1　Si

堀田への高架線で行き違う7500系の豊橋行急行と8000系の特急「北アルプス」。8000系は豊橋〜新名古屋間の座席指定特急で運用された後、須ヶ口で編成を組み直し、堀田まで回送。堀田で折り返して始発駅の神宮前に戻っていった。1979.3.7　Ha

神宮前駅に停車するモ3556を先頭にしたAL車6連の特急。東海道本線の電化に対抗するため、1955（昭和30）年7月から名古屋本線豊橋への特急を6両編成に増強して運行した。常滑線ホームはこの撮影直後に拡幅・延伸され、構内配線も変更されている。
1955.9　Si

橋上駅化のための改良工事が進む神宮前駅ホームに到着する5200系の豊橋行高速。行先と両数の表示は行灯式である。
1978.5.15

神宮前を発車する7000系パノラマカー。駅南にある単線時代の常滑線の跨線橋を5500系が渡っている。1962（昭和37）年12月16日に複線跨線橋が完成し、神宮前の配線が大きく変更される前は駅南に何本もの留置線があり、岐阜や犬山方面から神宮前止まりの列車も多かった。
1961.8　Si

東海道本線を渡った西口の駅舎は1934（昭和9）年に建設され、1945（昭和20）年5月に空襲で被災した後、翌年に再建されている。1979（昭和54）年11月10日の旧跨線橋の廃止により西口駅舎は役割を終え、1983（昭和58）年9月には名鉄神宮前百貨店のはいる駅西ビルが竣工する。名鉄神宮前百貨店はパレマルシェ神宮を経て2021（令和3）年6月20日に閉店している。
1978.2.21　Ha

橋上駅ができる前の神宮前駅の名古屋本線のホームに停まるキハ8000系の新鵜沼行「犬山うかい」号と常滑線ホームに停まる7000系。当時の名鉄を代表する車両の競演である。「犬山うかい」号は北アルプスの間合い運用で設定されていた新鵜沼行169Dを鵜飼開催の時期に名称を変更し、ヘッドマークを取り付けた。
1978.6.15　Ha

駅北の神宮前1号踏切と東海道本線の御田踏切は8本の線をまたぎ、いずれの路線も本数が多いことから開かずの踏切となっていた。
歩道橋の整備をすることで、2012（平成24）年7月をもって踏切は廃止されている。東口寄りの5番線は通常は貨物しか入線しないが、
この日は珍しく河和線への団体列車が時間調整のため入線している。0kmのキロポストは名古屋本線と常滑線のもの。
1981.11.14　Ha

駅北東にあった日本車輌と中京倉庫には専用線があり、神宮前構内を経て南方の国鉄・名鉄貨物授受側線につながり、貨物の受け渡
しが行われていた。専用線で入換えをするデキ370形375の脇を河和行の特急が通過する。1971.11.12　Ha

名鉄5000系と並ぶ長野電鉄
2000系。民鉄高性能車の嚆矢
として画期的な車両で、いずれ
も日本車輌で製造され、外観や
機構面が似ていて兄弟のよう
な電車だった。4本ある2000
系のうち、4本目だけは1963
（昭和38）年に本社工場（熱
田）で製造されており、完成して
工場横の側線へ出たところで
名古屋本線を走行する兄貴分
の5000系と並んだ。
1963.7　Si

日本車輌は1896（明治29）年に
名古屋に設立され、神宮前駅北
に本社工場があり、国鉄など様々
な会社の車両が製造された。車両
の受け渡しは神宮前南の側線で
行われ、名鉄の電気機関車が国
鉄車両を牽引した。本社工場での
車両製造は、1972（昭和47）年
に豊川へ移転するまで続けられ
た。国鉄「あさかぜ」用の20系客
車をデキ376が牽引している。
1958.9　Si

神宮前5番線で、貨車の入れ換
えをするデキ370形376。橋上
駅が完成して1979（昭和54）
年11月10日に廃止されるま
で、木製の跨線橋がホームと東
西駅舎を結んでいた。
1972.3　Ha

東西連絡線

　神宮前と新名古屋の間の路線は建設時の名称は東西連絡線で、神宮前駅1番線の中程に0kmポストがある。

　1935（昭和10）年に合併により誕生した名古屋鉄道の課題は、北と南に分かれている線路を結ぶことだった。軍需輸送の必要性もあって喫緊の課題となり、東西連絡線として1942（昭和17）年に着工され、軍用地の転用や国鉄線の移設など戦時下の緊急工事だからこそ可能だった工事が行われ、1944（昭和19）年9月1日に新名古屋〜神宮前間が開通した。途中に金山（1945（昭和20）年7月1日金山橋に改称）駅が設けられたが、戦後の1948（昭和23）年5月に行われた西部線昇圧までは直通運転ができず、乗換を余儀なくされた。

　金山には戦後の戦災復興計画で、名古屋南部の交通拠点となるよう総合駅の計画が打ち出された。費用負担の問題などからなかなか具体化しなかったが、1989（平成元）年に開催された世界デザイン博覧会を機に1989（平成元）年7月8日にJR駅と一体となった金山総合駅が完成し、金山橋駅を移転して金山と改称。翌1990（平成2）年4月1日に神宮前〜金山間が複々線化された。

複々線化後の下写真と同一地点。パノラマカーの定期運用が最後の頃で、最前部には多くのデジカメが並んでいる。2008.9.7　Ha

複々線化工事前の金山橋〜神宮前間の5500系。沢上跨線橋からの撮影である。1985.3.23　Ha

金山橋駅南を走る3800系を先頭にしたAL車6連の特急。前方に見える沢上跨線橋は1954（昭和29）年7月に完成したが、すでに名鉄の複々線分の用地が確保されている。
1955.9　Si

同地点を走る5500系4連の美合行特急。先頭のモ5509は1964（昭和39）年の新川工場の火災で焼失し、高運転台の車体で新造されている。
1970.6　Ha

国鉄熱田駅横を走るモ800形802を先頭にAL車2連を4本つないだ8連の犬山線からの急行882列車。神宮前で分割され、前4両は西尾線経由蒲郡行急行、後4両は鳴海行普通となった。右の線路は中京倉庫への専用線。モ802は1981（昭和56）年9月に両運転台に改造されてモ811に改番され、1996（平成8）年4月の廃車後は、高運転台化されていた正面窓の復元など整備の上、日本車輌豊川製作所に保存されている。
1979.1.13　Ha

神宮前～金山間は金山総合駅開業から9ヶ月遅れ、1990（平成2）年4月1日に複々線化された。

津島～西尾間の特急で運行される8800系。1992(平成4)年に3本が中間車を一般座席に改装して特別料金を徴収する観光特急から全車指定席の特急に転用され、2005(平成17)年に廃車となった。2001.6.3　Ha

神宮前を出発して金山に向かう7000系7006編成の6連。7000系の6連は全廃より一足早く2008(平成20)年9月14日を最後に運転を終了している。2008.6.28　Ha

国鉄熱田駅横ですれ違う
7000系白帯車7015編成に
よる急行犬山行と6500系。
1000系の増備で全車指定席
の特急運用が減った7000系
白帯車は、内装はそのままに急
行や普通列車に使用された。
1993.1.30　Ha

名古屋本線を走る豊田線用100
系200番台212編成。100系の
4次車である200番台（211～
214編成）は1993（平成5）年8月
からの犬山線～名古屋市交鶴舞
線の相互直通運転開始より2年早
く1991（平成3）年4月に製造さ
れ、混雑の激しかった犬山線を中
心に運用された。
1993.1.30　Ha

東海道本線を走る「スーパー雷
鳥」を塗装変更して「しらさぎ」
に転用された485系と行き違
う7500系7505編成。名古屋
駅で折り返す特急「しらさぎ」
の編成は、次の運用まで熱田駅
まで回送された。
2002.4.20　Ha

金山橋駅

東西連絡線の中間駅として1944（昭和19）年9月1日に開業。1945（昭和20）年7月1日まで駅名は金山だった。戦後の1948（昭和23）年5月に行われた西部線昇圧まで西部線の架線電圧は600V、東部線は1500Vで異なっており、直通運転はできず、乗換を強いられていた。

1989（平成元）年7月8日にJR駅と一体となった金山総合駅の完成で、金山橋は移転して金山に改称された。（金山橋（金山）駅については第2巻「名古屋本線西部」で紹介します）

移転直前の金山橋駅を出発する5300系。後方に完成間近な金山総合駅の建物が見える。1989.6　Ha

金山橋に停車中の3800系6連の特急。この頃、豊橋行特急は1時間に1本の運転だった。6両編成の特急は国鉄電化に対抗するため、1955（昭和30）年7月に運転を始めている。1955.9　Si

同地点の1964（昭和39）年8月。右側の道路には、1954（昭和29）年7月まで、名古屋市電が走っていた。1964.8　Si

金山を出発する5500系6連の特急豊川稲荷行。検査のためか、冷房機器が取り外された珍しい姿である。1962.1　Si

神宮前から金山橋に到着する7000系4連の「ラインパーク」。犬山経由岐阜と行先板にあり、常滑から神宮前まで座席指定特急として運行され、神宮前からは急行に種別変更して犬山線経由で新岐阜行となる柔軟な運行が行われていた。　1977.3　Ha

第2章
豊川線

　名古屋本線と豊川市内を結ぶ支線だが、戦時下に豊川の海軍工廠への工員輸送のために建設され、戦後は豊川稲荷への参詣路線として整備され、かつては初詣の乗客を乗せ、名古屋方面との間に数多くの特急が運転された歴史を持つ。全線単線にもかかわらず、お正月期間には片道最大6〜7本/時の列車が運転され、壮観な眺めだった。また、建設にあたっては路面電車として申請され、現在も法規上は路面電車と同じ軌道の扱いという変わり種の路線でもある。

豊川稲荷への正月輸送全盛期の豊川線。名古屋方面からの座席指定特急が頻発運転され、諏訪新道信号場では座席指定特急どうしの行き違いが見られた。7500系の特急「いなり」と7700系の津島行特急「おちょぼ」。
1980.1.7　Ha

豊川稲荷駅

　1954（昭和29）年12月25日に新豊川として開業、同時に線名も豊川市内線から豊川線と改称した。駅名は翌1955（昭和30）年5月1日、豊川稲荷に改称してい

る。1面2線で、1番線は4両編成対応であったが、1984（昭和59）年12月26日に6両編成対応に延伸している。2020（令和2）年8月8日に新駅舎に移転した。

JR（国鉄）飯田線の豊川駅と並ぶ豊川稲荷駅。JR豊川駅は1996（平成8）年12月17日に自由通路のある橋上駅舎、豊川稲荷駅は2020（令和2）年8月8日に新駅舎に切り替えられた。飯田線の豊川駅は、豊川鉄道時代の1931（昭和6）年に建築された鉄筋三階建ての建物であった。 1993.1.2　Ha

初詣の座席特急の特急券を発売する窓口。初詣に座席を確保した特急は1967（昭和42）年正月から運転を開始し、1971（昭和46）年まで料金は100円だった。　1970.1　Si

豊川稲荷駅で並ぶ5500系と3850系。左側の1番線は4両編成、右の2番線は1961（昭和36）年に5両編成から6両編成対応に25m延伸されており、名古屋方面へ直通する優等列車は主に2番線を使用した。1962.1　Si

飯田線の80系と並ぶ5200系で1958(昭和33)年の正月の撮影。5200系は名鉄初のカルダン駆動車である5000系を2両組成として運用の柔軟性を高めた車両で、1957(昭和32)年秋に登場したばかり。80系も300番台で東海道本線用として増備されたばかりの車両で、初詣の臨時列車として飯田線に入線したのであろうか。当時の最新鋭車両が顔を合わせたシーンである。なお、80系車両を使用した飯田線の優等列車である準急「伊那」は1961(昭和36)年3月運転開始なので、撮影時点ではまだ運行していない。
1958.1　Si

豊川稲荷駅で折り返す初詣特急。行先標板は新鵜沼行の座席指定特急「なりた」に付け替えられている。行き違って発車する列車に通票を渡すべく、係員が通票を運んでいる。1978.1　Ha

稲荷口駅

　豊川稲荷のご開帳にあわせ、1954（昭和29）年4月1日に諏訪町から延伸して開業した。幅の広い島式ホームが1面で、閉塞に通票を使っていた頃は、その受け渡しのため右側通行であったが、現在は左側通行となっている。2005（平成17）年12月に駅集中管理システムが導入された。

1962（昭和37）年の諏訪町～稲荷口間を走る5000系特急。中間車の5150系2両は1964（昭和39）年に5200系と組成され、5000系は4両組成化されるので、すっきりした6連が見られたのはこの頃まで。南側に道路はなく、北側の道路は未舗装である。
1962.1　諏訪町～稲荷口　Si

同地点を走る豊川稲荷行座席指定特急の「豊川稲荷14号」。豊川稲荷行の座席指定特急は1967（昭和42）年から運転を開始している。撮影は上の写真から8年後で、道路は舗装され、宅地化が進んでいる。
1970.1　諏訪町～稲荷口　Ko

諏訪町を過ぎて豊川稲荷に向かう初詣特急の「いなり」。このあたりは両側に道路があって軌道線の雰囲気がある。
1980.1.7　諏訪町～稲荷口
7500系　Ha

稲荷口で行き違う3770系モ3773ほかと3850系モ3852ほか。閉塞方式が票券閉塞の時代には、稲荷口は通票渡しのため右側通行だった。モ3852の行先板は「国府のりかえ（名古屋）」と国府での乗り換えが強調されている。 1968.1　稲荷口　Ko

桜と菜の花が咲く春の佐奈川を渡る5700系。5700系は非冷房の初期SR車5000・5200系の置換用に1986（昭和61）年に登場した2扉クロスシート車で、豊川線では1985（昭和60）年から運行された名古屋直通の急行列車に使用された。
1996.4.6　諏訪町〜稲荷口　Ha

諏訪町駅

両側の道路に挟まれてホームがある1面1線の駅で、軌道線である豊川市内線の終着駅として1945（昭和20）年1月27日に開業。豊川市役所に近いことから、駅名は市役所前となった。1953（昭和28）年12月16日の架線電圧1500V昇圧により、鉄道線の車両で運行されるようになり、1955（昭和30）年1月20日に駅名を諏訪町と改称している。

1500V昇圧後も無人駅であったが、1983（昭和58）年12月24日に駅舎が設けられ、駅員が配置された。駅舎は東口と西口にあったが駅員が居たのは東口のみだった。2007（平成19）年3月14日の駅集中管理システム導入に伴い再び無人化されている。

無人駅時代の諏訪町駅。道路の真ん中に1線のホームがあり、両側にホームへの階段があった。
左：1967頃　Ku　右：1978.1　Ha

1500Vに昇圧して、間もない頃の諏訪町駅。左の建物は待合室で、ホームへの踏切があった。モ3750形はHL制御でD-16形台車を履いた戦災復旧車の形式で、モ3751～53の3両あり、車体は当時量産中であった3800系と同じ仕様であった。出自は3両とも異なり、モ3753は元知多鉄道のモ914である。1965（昭和40）年8月に形式変更され、モ3250形3252となった後、翌1966（昭和41）年に附随車化され、築港線で使用され、1969（昭和44）年に廃車になった。1957.3　Si

無人駅時代の諏訪町駅。ホームには道路から自由に出入りできた。3880系は元東京急行電鉄の3700系で、石油ショック後の通勤旅客の急増に対応するため、1975（昭和50）年から二次にわたり21両が導入され、3扉車であることから停車時間の短縮に威力を発揮し、3扉通勤車である6000系新造の契機となった。1980.1.7　Ha

有人駅化され、上屋も延長された諏訪町駅。正月輸送期間中は、名古屋本線の列車に接続する線内折返しで諏訪町のみ停車する列車は「急行」あるいは「高速」の種別で運転されていたが、1990（平成2）年の「高速」の廃止に伴い「特急」、1996（平成8）年からは「快速急行」となり、1999（平成11）年を最後に終了した。1993.1.2　Ha

諏訪新道信号場

諏訪町駅の国府寄り600mの場所に位置する列車の行き違いのための信号場。旧海軍工廠施設への学校の進出で1948（昭和23）年10月15日に高等師範前として開業したのが始まりで、1953（昭和28）年12月16日の1500V昇圧にあわせて島式ホームの行き違い可能駅となり、翌1954（昭和29）年4月1日に駅名を新道、さらに1955（昭和30）年1月20日に諏訪新道と改称した。1972（昭和47）年6月1日に八幡口、市田とともに八幡に統合され、客扱いをしない信号場となった。

客扱いをしている頃には木製のホームがあり、信号場になったあとは通票交換のため、係員用の短い木製のホームが設けられていた。しかし、1982（昭和57）年12月15日の閉塞方式の自動閉塞への変更に伴い、線路間にあった係員用のホームは撤去され、通行も右側から左側に変更された。なお、行き違いを行わない場合は、両方向とも直線側を通過する。

6連での豊川線への入線試験をする5000系と3800系モ3816ほか6連。まだ信号場の周囲には人家はほとんどない。1959.6　Si

1982（昭和57）年12月15日の閉塞方式の自動閉塞への変更に伴い、信号場は左側通行になった。並ぶ7500系の内、左側は7515編成で一回り大きな行先種別板を付けている。
1983.1.2　Ha

客扱いをしていた頃の諏訪新道駅と駅名標。
1967頃　Kr

信号場にある通票の確認標識。平日と土休日では運行パターンが異なり、閉塞区間が変わるため、標識を架け替える。
1982.2.11　Ha

票券閉塞方式で通券を収納した通券箱。通票を入れることで、紙の通券を取り出すことができる。1982.2.11　Ha

パノラマカーの通票交換は、通票を肩にかけて梯子をのぼらなければならず、大変な作業だった。1982.2.11　Ha

信号場で行き違う7700系（右）と7500系（左）。票券閉塞の時代は、係員が通票の授受を行うため、信号場は右側通行であった。
1980.1.7　Ha

市田駅(1972(昭和47)年6月1日廃止)

現八幡駅の諏訪町寄り約200mの地点にあり、豊川市内線開業により1945(昭和20)年1月27日に野口として開設され、翌46(昭和21)年6月1日に市田に改称された。準急停車駅だった時代もあるが、1972(昭和47)年6月1日に八幡口、諏訪新道とともに八幡に統合され、廃止となった。

諏訪新道〜市田間の白川東側の築堤を走る5500系の座席指定特急「豊川稲荷7号」佐屋行。まだ、家は少なく、手前の道路は未舗装である。5500系のクリームと赤帯塗装は、豊橋鉄道のモ1800系(元名鉄デハ3300形→モ3300形)を参考に1967〜1969年頃まで採用され、AL車やHL車にも波及した。1969.1　Ko

市田駅のホームと駅名標。1967頃　Kr

同一地点（撮影時の駅名は諏訪町〜八幡間）を走る7042ほか4連の新鵜沼行座席指定特急「なりた」。道路は舗装されたが、現在と比べると、まだ、家は少なく長閑な雰囲気である。
1980.1.7　7042ほか　Ha

12年後の同地点の1800系6連。1800系は1000-1200系パノラマスーパーの増結用一般車として1991（平成3）年9月に、まず2連×5本が製造された。昼間時には2両で名古屋本線普通などに使用されたが、1800系だけを連結して名古屋本線の急行に使われることもあった。
1992.8.15　Ha

かつて市田駅があったあたりを走る7500系。座席指定特急で豊川稲荷に到着したパノラマカーは、午後の特急運用まで普通列車で国府に戻ることも多かった。
1982.2.11　諏訪町〜八幡　Ha

コラム パノラマDXとAL車の併結運転

　1984（昭和59）年12月に豪華な車内設備を誇る特急用車両として8800系パノラマDX（デラックス）が登場すると、豊川線の初詣輸送にも使用された。日祝日は7000系と併結して座席指定特急の一員として運転されたが、平日の1985（昭和60）年1月10日に行われた貸切団体は単独運行で、行き違いが諏訪新道信号場だけに限定されて線路容量に限界があるため、線内普通列車に使用されているAL車の3550系と併結で運転された。8800系のようなカルダン駆動車と吊掛駆動のAL車とは連結運転ができないことから、それぞれの車両に運転士を乗せ、警笛の合図で操縦している。

国府～八幡間を走るAL車とパノラマDXの併結列車。モ3560＋ク2560＋モ8803＋モ8804　Ha

八幡～国府　Ha

八幡～諏訪町　Ha

八幡駅

1972（昭和47）年6月1日に八幡口、市田、諏訪新道の3駅を統合して、八幡口駅の東約200mの位置に新設された1線1面の無人駅。統合された八幡口駅は1948（昭和23）年10月15日に第2師範前として開業し、翌1949（昭和24）年12月1日に八幡口と改称されている。八幡口には1500V昇圧に伴う直通列車の運転に備え1953（昭和28）年12月に行き違い設備が設けられ、統合後は客扱いをしない信号場となった。1996（平成8）年12月14日に高架化され、八幡口信号場の行き違い設備を移転して1面2線の行き違い駅となった。2005（平成17）年12月に駅集中管理システムが導入されている。隣接地に2013（平成25）年に豊川市民病院、2023年（令和5）年にイオンモール豊川が開設され、利用者が増加している。

客扱いをしていた頃の八幡口駅と駅名標。1967頃　Ku

八幡口駅で行き違う3400系とモ770形。モ770形は竹鼻鉄道が発注し、1943（昭和18）年に日鉄自動車で竣工した車体長15.9mの半鋼製車で、主に豊川線で2連で使用された。1966（昭和41）年に制御車化され揖斐線用ク2170形となり、1973（昭和48）年まで稼動した。
1958.1　Si

票券閉塞時代の八幡口信号場で行き違う3730系の線内急行と7000系の豊川稲荷行座席指定特急。諏訪新道、稲荷口同様、票券閉塞時代は右側通行だった。
1980.1.7　Ha-

閉塞方式が自動閉塞に変更された後の八幡口信号場を走る3550系。右側に地平時代の八幡駅が見える
1985.1.10　Ha

西古瀬川の橋梁にかかるモ770形と3850系の5連。モ770形はHL制御車であり、AL車の3850系と連結運転するには、運転士が2名乗務していたと思われる
1957.3
国府～八幡口　Si

上写真と同じ場所を走る7000系と7700系特急改装車の6連。1989(平成2)年以降、座席指定特急は、原則、7000系白帯車以上の特急専用車による運行となった。
1992.1.4　Ha

豊川線と初詣輸送

年明けに社寺に参詣する「初詣」という風習は、江戸時代に縁起の良い方角の社寺仏閣に詣った「恵方詣」が、明治末期の鉄道会社が恵方でない年の参詣客誘致に「初詣」という言葉を使って宣伝したのが始まりといわれる。

もともと鉄道建設の目的のひとつに社寺への参詣客輸送があった。川崎大師への参詣客輸送として、1899（明治32）年に関東地方で初めての電車による運行で官鉄東海道線の川崎駅と大師駅を結んだ大師電気鉄道（同年京浜電気鉄道に改称）や、成田山新勝寺を目的に1897（明治30）年に開業した総武鉄道と1901（明治34）年に開業した成田鉄道などである。こうした社寺仏閣への参拝客を目的とした鉄道は、参詣鉄道とも呼ばれた。名鉄路線では谷汲山華厳寺への巡礼客を目的として、谷汲鉄道により1926（大正15）年4月に開業した谷汲線（2001（平成13）年廃止）がある。また、尾西線の前身である尾西鉄道も津島神社への参詣を図り、関西鉄道との直通切符を売っていた。

京浜電気鉄道では、品川への路線が開業した1904（明治37）年に川崎大師と穴守稲荷を回れる巡回券を売り出し、1905（明治38）年の正月には多くの乗客を集め、翌年には官鉄も往復運賃を値下げして対抗した。成田山新勝寺を巡っても、総武鉄道と成田鉄道が宣伝を行った。鉄道会社間の競争と宣伝合戦は、有名社寺の参詣客増加に大きく寄与することになる。

成田鉄道は1910（明治43）年の正月を迎えるにあたって、恵方との差別化をするため初詣という言葉を用いて「成田山初詣」の広告を新聞に掲せた。また、1912（明治45）年からは京浜電気鉄道が毎年正月に川崎大師参詣の広告を出すようになる。こうして、正月の風習として、「恵方詣」に変わって「初詣」が定着していく。

■豊川稲荷への鉄道の始まり

豊川稲荷は、寺号を妙厳寺とする曹洞宗の寺院で、境内に祀られる秘仏「吒枳尼真天（だきにしんてん）」の稲穂を担いだ姿などから、一般には豊川稲荷と呼ばれる。日本三大稲荷のひとつとして、江戸時代には多くの参拝客を集めた。

こうしたことから、東海道線が全通した明治20年代になると、豊川稲荷への鉄道を敷設しようとする動きが出てくる。最初の計画は旧吉田藩士らが発起人となり1893（明治26）年6月5日に設立された豊川鉄道で、軌間762mmの軽便鉄道として下地〜豊川町間の約4マイル（6.4km）で鉄道敷設を請願。同年7月7日には競合路線として御油鉄道が東海道線の御油（現在の愛知御津）から豊川に至る軽便鉄道の敷設を請願したことから、事前にこの動きを察知した豊川鉄道では、同年7月30日に路線を新城町まで約8マイル（12.9km）延伸すると共に、豊川〜国府間約4マイルの支線を追加した追願書を提出した。

これらとは別に、同時期に2つの鉄道敷設の出願が行われている。ひとつは1893（明治26）年11月に出願された豊橋町と海老村（鳳来町をへて現・新城市）間を

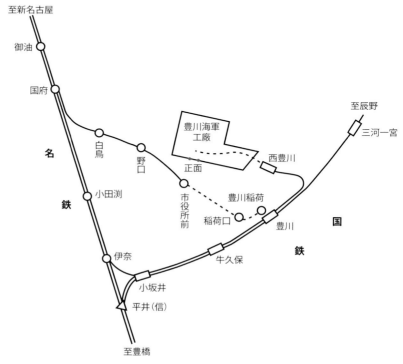

図-1　1945（昭和20）年の豊川市内の鉄道概念図

結ぶ東参鉄道で、もうひとつが翌年3月に出願された前芝港(豊川河口付近)・伊奈・海老村を結ぶ三河鉄道である。この二つの鉄道はひとつの計画に統合して、1894(明治27)年4月に豊橋・伊奈・前芝間を結ぶ約28マイル(45.7km)の東三軽便鉄道として請願された。

同時期に多くの鉄道建設計画がもちあがったため、どこに免許を与えるか、審議は紛糾したが、豊川鉄道の先願権が認められ、1894(明治27)年6月19日に「軌間を3フィート6インチ(1067mm)とすること」「路線を新城より大海まで約4マイル延長すること」などの条件が提示され、これを受けて12月5日に仮免許状が豊川鉄道に下付された。

こうして豊川鉄道が1896(明治29)年2月1日に設立されて、豊川に架橋することで起点を花田村(現・豊橋)に変更して同年12月に着工。1897(明治30)年7月15日に吉田(豊橋)〜豊川間が開業し、東海道線に併設して吉田駅が北側に設けられた。ちなみに吉田は江戸時代の藩や宿場名に由来する豊橋の旧名で、伊予吉田との混同を避けるため、明治政府の命で豊川にかかる橋の名から改名されている。そして、1898(明治31)年4月25日に新城、1900(明治33)年9月23日に大海(長篠)までの全線が開業した。全通に伴い、豊川鉄道は豊川稲荷への参詣路線という所期の目的から脱して、豊橋を中心に物資を集散する地域の幹線となっていった。

豊川鉄道の経営は、豊川橋梁架橋に伴う巨額の借入金などから不調であったが、大正期になると上向いていった。豊川鉄道は子会社として1921(大正10)年9月1日に鳳来寺鉄道を設立し、1923(大正12)年2月1日に長篠〜三河川合間17.2kmを開業した。1925年(大

正14年)7月28日には豊川鉄道と鳳来寺鉄道の全線が1500Vで電化され、大幅に旅客数を増加させた。

■愛知電気鉄道による豊川への路線延伸と初詣輸送の始まり

1922(大正11)年に東海道電気鉄道を合併した愛知電気鉄道は、名古屋〜豊橋間の直通運転を目指し、1923(大正12)年8月には東岡崎まで開業した。しかし、豊橋に至るには、巨額の費用を要する豊川への架橋という問題があった。

愛知電鉄では、豊川鉄道への乗り入れで豊橋に至る現在の路線を望んだが、豊川鉄道の合意を得ることは難しかった。そこで、豊川鉄道に大きな影響を与える御油から豊川を経て豊橋の北部に至る路線計画をたてて圧力をかけ、豊川鉄道に妥協をせまった。結果的に、豊川鉄道は小坂井〜豊川間に乗り入れを認めると共に、伊奈〜豊橋間に単線を愛知電鉄が増設して、従来の豊川鉄道線とあわせて両社が共用することに合意した。直通運転に備え、豊川鉄道では1925年(大正14年)7月に全線を電化している。

1926(大正15)年4月1日に愛知電鉄の路線が小坂井に達すると、豊川鉄道に乗り入れて神宮前〜豊川間で直通運転が開始されるとともに、小坂井で豊橋(吉田)への豊川鉄道に連絡した。豊川への所要時間は4往復運転された急行では約1時間30分で、従来、東海道線経由で2時間30分かかっていたものが大幅に短縮された。(表-1)

路線が豊川に達すると、愛知電鉄では豊川稲荷への直通運転と大幅な時間短縮を打ち出して参詣客への宣伝に努めた。開業した1926(昭和元)年末には、早くも初詣客のために神宮前〜豊川間で徹夜運転を行っている。路線が豊橋に延伸された後もお正月には豊川まで直通運転が行われ、大晦日には終夜運転が行われた。

表-1 大正15年7月(小坂井開業 急行運転開始)の時刻表

列車番号	神宮前	有松裏	新知立	東岡崎	小坂井	豊川	吉田(豊橋)
1000	7:57	8:22	8:34	8:50	9:22	9:29	—
					9:29	—	9:34
1002	9:12	9:37	9:49	10:05	10:37	10:44	—
					10:42	—	10:48
1004	10:12	10:37	10:49	11:05	11:37	11:44	—
					11:42	—	11:48
1006	17:57	18:22	18:34	18:50	19:22	19:29	—
					19:29	—	19:35
1001	8:23	8:00	7:40	7:32	6:59	6:45	—
					6:56	—	6:50
1003	15:38	15:15	15:03	14:47	14:14	13:58	—
					14:11	—	14:05
1005	16:38	16:15	16:03	15:47	15:14	14:58	—
					15:11	—	15:05
1007	19:23	19:01	18:40	18:32	17:59	17:51	—
					17:56	—	17:50

出典:沿線案内図

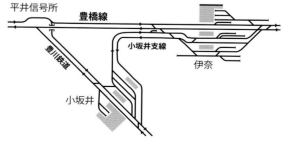

図-2 小坂井支線の配線図 昭和18年

翌1927（昭和2）年6月1日には豊川鉄道との相互乗り入れにより、現在の名古屋本線である愛知電鉄豊橋線が平井信号場～吉田間で開業した。

豊川鉄道は1943（昭和18）年8月1日に国有化されて飯田線となるが、豊川への名鉄からの直通列車は変わらず運転され、1954（昭和29）年12月25日の豊川線新豊川延伸までは毎時1本程度、伊奈からの直通運転が行われていた。さらに正月の初詣輸送では、名古屋本線からの直通運転が行われ、1951（昭和26）年

1月からは、当時1067mm軌間であった近鉄名古屋線の電車までも名鉄線経由で国鉄豊川駅に姿を現している。1953（昭和28）年の正月輸送では、1～4日に定期列車10往復、臨時列車35往復の計45往復/日の運転が行われ、三が日の豊川駅の利用者は48,200人に達したとの記録がある。

戦後に世相が安定し、初詣客が増加すると、運転本数の制約のある飯田線への直通運転ではなく、自社路線での豊川への運転が求められた。

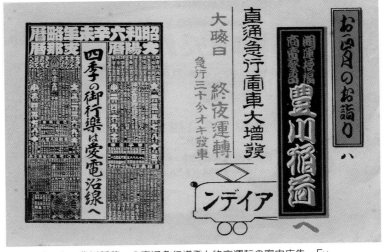

愛知電鉄による豊川稲荷への直通急行増発と終夜運転の案内広告。Fu

豊川への電車開業と豊川稲荷参詣を促す愛知電鉄の広告。豊川稲荷への直通運転と大幅な時間短縮がうたわれている。Fu

正月輸送で国鉄豊川駅に乗り入れた名鉄3850系。
1953.1　Km

■豊川市内線の開業と車両

　現在の豊川線は、1939（昭和14）年に市役所前（現在の諏訪町）付近に開庁された豊川海軍工廠への輸送手段として、海軍からの要請で建設されたのが始まりである。豊川海軍工廠は、海軍における機銃・弾丸製造の主力工場となり、最盛期には100万坪に及ぶ敷地に700棟が並んで、工員数は学徒動員を含めて6万人に達していた。

　これら工員の輸送手段として、海軍工廠の正門に近い市役所前に至る軌道敷設の要請がたかまったことから、1943（昭和18）年9月2日に名古屋本線の国府から市役所前まで、4.4kmの軌道線として特許を得た。途中の停留場は白鳥、野口の2カ所であった。戦時下の物資不足のなか、豊川市内線として軌条は1944（昭和19）年に廃止となった渥美線田原〜黒川原間、変電設備も渥美線から転用するなどして1945（昭和20）年

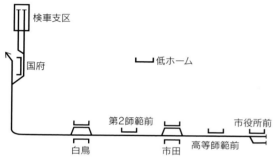

図-3　豊川市内線略図

1月27日に開業した。架線電圧は600Vで、軌道線とはいっても全線が新設軌道と実質的には鉄道線であるが、現在も法規上は軌道線のままである。

　車両は、当初、美濃電気軌道の車両で揖斐・谷汲線で使用されていたモ70形（後のモ120形）5両（72,73,75,77,79/1949（昭和24）年の改番で75,77,79は124,126,128に変更）が使用された。1950（昭和25）年には車両の入替が行われ、2月に2つ目玉の元瀬戸電気鉄道のモ30形33,34が入線し、5月までに30〜34の5両が揃った。さらに元貴賓車のモ85も入線している。

　同年8月に再び車両の入替が行われ、揖斐・谷汲線から元谷汲鉄道の大型木造単車モ100形100〜104の5両が入線し、モ85は同年10月から旅客営業を開始した安城支線、モ30形は1951（昭和26）年9月までに、車体を改造の上、全車岐阜市内線に移っている。

　一方、停留場は1946（昭和21）年6月1日に野口を市田に改称。1948（昭和23）年10月15日に沿線の旧海軍工廠施設への学校の進出で、白鳥〜市田間に第2師範前（1949（昭和24）年2月1日に八幡口と改称）、市田〜市役所前間に高等師範前（1954（昭和29）年4月1日に新道、1955（昭和30）年1月20日に諏訪新道に改称）の停留場を新設している。

　元谷汲鉄道の大型木造単車モ100形は、1953（昭和28）年12月に1500Vに昇圧されるまで使用された。検査は国府駅構内にあった国府検車支区で行われた。

600V時代の市役所前に停車する元谷汲鉄道の大型木造単車モ100形101。乗り場は路面電車用の低いホームである。
1953.3.6　Km

豊川市内線時代

国府駅に停車中のモ100形103。1953.12.13　Kr　国府

国府駅には2線の小さな車庫、国府検車支区があった。モ100形100、102。1953.12.13　Kr　国府

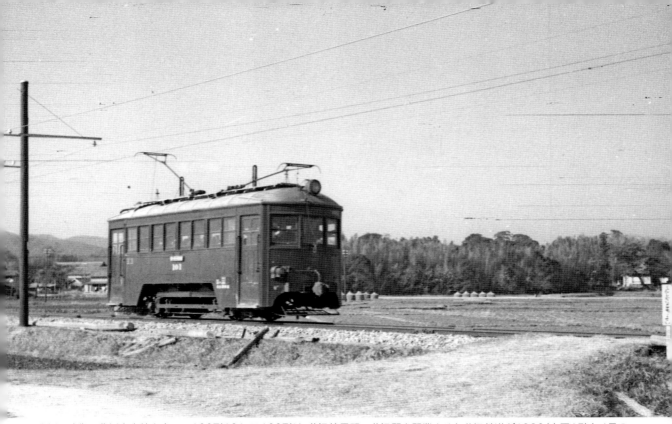

600V時代の豊川市内線を走るモ100形101。モ100形は、谷汲線黒野〜谷汲間を開業させた谷汲鉄道が1926(大正15)年4月の開業にあたり、日本車輌で6両製造した木造単車。国鉄2等車に準ずるとして形式をデロと称し、車体にも青帯を巻いていたという。1950(昭和25)年に100〜104の5両が豊川市内線への転属にあたり、扉部分にステップを取り付け、路面乗降に対応した。1953(昭和28)年12月の昇圧に伴い、翌年、廃車された。
1953.12.13　Kr　国府付近

豊川市内線時代の終着駅、市役所前(現在の諏訪町)に停車するモ100形103。3日後の昇圧で大型の鉄道線用車両が運行できるよう、すでに高床ホームが整備されている。稲荷口へ延伸されるのは、翌1954(昭和29)年4月である。
1953.12.13　Kr　市役所前

小坂井支線経由による国鉄飯田線乗り入れ時代

愛知電気鉄道が小坂井まで開業すると、豊川鉄道に乗り入れて豊川への直通運転が行われた。1927（昭和2）年6月1日に伊奈〜吉田間が開業すると伊奈〜小坂井間は小坂井支線(1.2km)となり、豊川への区間運転のほか、正月の初詣輸送では名古屋方面からの直通列車が運転された。豊川への直通運転は豊川鉄道の国有化により飯田線となってからも続けられたが、豊川市内線の新豊川（後の豊川稲荷）延長開業により1954（昭和29）年12月25日に廃止された。この間、戦時下の1944（昭和19）年6月に小坂井支線は単線化されている。

小坂井支線を走るモ3505の伊奈行単行。モ3500形は1942（昭和17）年に登場した3扉の両運転台車で、モ3505は1951（昭和26）年に2扉車に改造。1962（昭和37）年に片運転台化され、3800系の異端制御車ク2836と組成した。
1953.12.8　Kr
伊奈〜小坂井

小坂井支線を走るモ3505の伊奈行単行。左側に飯田線小坂井駅が見える。小坂井支線では、伊奈〜豊川間の列車が1時間おきに運転された。
1953.12.8　Kr
伊奈〜小坂井

小坂井支線を走るモ800形単行の
小坂井行き。伊奈〜小坂井間の列車
は朝夕ラッシュ時に運転された。後
ろの架線柱は名古屋本線。
1953頃　Km

飯田線牛久保駅を通過する正月の
初詣期間に名古屋本線から直通
した3850系4連の豊川行準急。右
側に停車中の車両はクハ47063。
1954.1.10　Kr　牛久保

初詣輸送で飯田線に乗り入れ、
国鉄豊川駅に停車中のク2901
ほか3900系4連の岐阜行急行。
1954.1.10　Kr　飯田線豊川

■昇圧と直通列車の運転開始

　豊川稲荷では1954（昭和29）年4月1日から秘仏「吒枳尼真天（だきにしんてん）」のご開帳がおこなわれ、それにあわせて豊川市内線の整備が進められた。まずは本線からの直通運転を可能にする架線電圧の昇圧で、1953（昭和28）年12月16日に1500V化するとともに、途中の白鳥を廃止し、八幡口と高等師範前を移設した新道を島式ホームの行き違い可能駅としている。

　続いてご開帳が始まる1954（昭和29）年4月1日に市役所前〜稲荷口間2.2kmを延伸して、名古屋本線からの乗り入れを開始した。同年12月25日には国鉄豊川駅前に位置する新豊川まで0.8kmを延伸して全線7.2kmが開業。あわせて線名も豊川市内線から豊川線と改称

している。同時に飯田線と連絡していた小坂井支線が廃止されている。車両は昇圧直後には木造HL車のモ1070形（元愛知電気鉄道電6形）が単行で運行し、新豊川への延長後は日鉄自動車製のモ770形が使用された。

　1955（昭和30）年5月1日には新豊川の駅名を豊川稲荷と改称し、参詣路線としてのイメージを強めた。これに先立ち、同年1月20日には新道を諏訪新道、市役所前を諏訪町と改称している。1972（昭和47）年6月1日には、八幡口と市田の客扱いを廃止して新設の八幡に統合するとともに、諏訪新道も客扱いを廃止した。行き違い設備のある八幡口と諏訪新道の両駅は信号場となった。

新豊川に延伸後、線内折返し運転に使用されたモ770形。国府〜八幡　1956.3　Si

■座席指定の有料特急の運転開始

　1500Vに昇圧後の豊川線には、正月の初詣客用に各線から直通列車が運転された。名鉄では、豊川稲荷に加え、尾張五社、熱田神宮、犬山成田山への初詣客用に電気製品を景品としたクジ付の前売り乗車券を発売して、販促に努めた。例えば1960（昭和35）年には、特賞として30万円相当の日立製家庭電化製品を始め、

テレビ、電気ミシンなど3500本が当たるとして、新名古屋駅に景品を展示している。

　豊川稲荷への直通運転は1月1日〜20日頃と2月上旬の旧正月期間に行われたが、次第に旧正月期間の運転は減少していった。

　1962（昭和37）年正月には本線から5000系や5500系の6連を毎時1本運転し、初詣の便を図った。翌1963（昭

3400系で運転された豊川稲荷への初詣臨時列車。1966.1 国府 Si

和38）年正月には、はやくも登場間もない7000系パノラマカーが新岐阜〜豊川稲荷間で1往復運転されている。1964（昭和39）年には12月29日〜1月20日、2月12日〜2月29日に臨時列車が運転され、3が日の直通列車の運転本数は名古屋本線から24本、犬山線から10本、常滑・河和線から2本、津島線から6本だった。同様に犬山成田山にも、神宮前〜新鵜沼間で臨時急行「新春成田山号」が運転されている。

1967（昭和42）年1月1〜5日には初詣特急として、夏に河和線で運転されて好評の座席確保の有料特急が登場した。「豊川稲荷1,2,3号」で「豊川稲荷1号」は新岐阜〜豊川稲荷間、「豊川稲荷2号」は栄生〜豊川稲荷間、「豊川稲荷3号」は新鵜沼〜豊川稲荷間の運転であった。また、同時に「成田山号」が東岡崎〜新鵜沼間で1〜3日に1往復運転された。車両は5000系あるいは5200系の4両組成で、座席指定料金が認可となる前のため、座席確保料金として片道100円、往復200円を徴収した。

翌1968（昭和43）年の「豊川稲荷号」と「成田山号」には5500系、7000系パノラマカーも使用され、座席指定料金が通年認可となったことをうけて、大人・小人とも100円の座席券が発売された。1969（昭和44）年の「豊川稲荷号」は1〜5日に豊川稲荷行として1〜5号、豊川稲荷発が6〜9号として9本運転され、同時に「成田山号」も運転された。座席指定特急増発により、この年から行先板に列車名と番号が表示された。また、この年まで座席確保の号車番号は「1，2，3」ではなく、カタカナ書きの「イ、ロ、ハ」であった。

正月期間中の初詣の座席指定特急は年毎に増発され、1970（昭和45）年には1〜4日に「豊川稲荷号」10往復、「成田山号」2往復が運転されている。1973（昭和48）年の3が日と日祝日には30分間隔で豊川稲荷行が13本、豊川稲荷発が14本運転され、午前中の豊川稲荷行と午後の豊川稲荷発は「豊川稲荷号」、午後の新鵜

「豊川稲荷号」とあわせて運転された座席確保の有料特急「成田山号」。1968.1 知立 Ko

1967（昭和42）年から69（昭和44）年までの座席指定特急の号車表示は、1961（昭和36）年の「内海号」から続く「イロハ」表記だった。1968.1 Ko

1967（昭和42）年の正月から初の座席確保の有料特急として運行された「豊川稲荷号」。運行開始時の「豊川稲荷号」には5000系や5200系が使用された。1968.1　諏訪新道～市田　Ko

1968（昭和43）年の「豊川稲荷号」から、パノラマカーも使用された。
国府～八幡口
1968.1　Ko

1969（昭和44）年の初詣特急から、行先板に列車毎に番号が表示された。
1969.1
豊川稲荷9号
諏訪新道～市田
Ko

行先板への列車番号の表示は1972（昭和47）年まで続けられた。1970.1　豊川稲荷22号　豊川稲荷　Si

国府での名古屋本線連絡列車も運転され、行先板では行先よりも「のりかえ」が強調されていた。
1968.1　稲荷口　Ko

沼発と午前中の豊川稲荷発は「成田山号」、神宮前行は「熱田神宮号」の名称が付けられた。あわせて豊橋行特急の増発と国府への臨時停車も行われている。

1972（昭和47）年と1973（昭和48）年には急行「北アルプス」用のキハ8000系が初詣特急に使用され、1972（昭和47）年は1月4～9日と30日までの日祝日に豊川稲荷行を補完して豊橋・鳴海・神宮前～新鵜沼間、翌1973（昭和48）年は1月8～31日の平日に豊川線に乗り入れ、豊川稲荷行の座席指定特急として1往復（豊川稲荷2,1号）運転された。キハ8000系の豊川線乗り入れは、1973（昭和48）年だけである。

1974（昭和49）年の正月輸送

から臨時特急の列車名が平仮名表記となり、豊川稲荷行は「いなり」、新鵜沼行は「なりた」、新名古屋行は「あつた」となり、さらに豊橋行は「とよはし」、新岐阜行は「ぎふ」、津島行は「つしま」、新可児行は「ひろみ」の名称が付けられた。1976（昭和51）年の正月輸送からは新岐阜行の「ぎふ」が「岐阜」、津島行の「つしま」が「津島」と漢字表記に戻されている。

■犬山・名古屋方面から豊川稲荷・豊橋方面へ

■犬山・名古屋方面から豊川稲荷・豊橋方面へ

1973（昭和48）年の豊川稲荷・豊橋方面の正月時刻表。（出典：名鉄ニュース）
豊川稲荷行に加え、国府乗換で豊川稲荷に向かう乗客のために豊橋行の臨時特急も増発されて豊橋特急は1時間間隔の運転となり、1974（昭和49）年9月の座席指定特急のラウンドダイヤ化を先取りしていた。

■単線区間を10分間隔で運転する豊川線の正月輸送

　豊川線の正月輸送は期間が長く、1月1日から始まり2月10日頃まで続く。ピークは正月3日間と期間中の日曜・祝日で、八幡口信号場、諏訪新道信号場、稲荷口の3箇所にある行き違い設備を使い、単線ながら10分間隔で運転が行われる。

　運行本数は1976（昭和51）年から増発され、1時間あたり本線直通の座席指定特急が最大で豊川稲荷行3本、豊川稲荷発2本、線内特急（のち急行）が豊川稲荷行1本、国府行2本、線内普通が2往復となった。豊川稲荷行の座席指定特急は、3が日や日祝日の豊川稲荷着は8時51分から16時31分まで23本が運転された。豊川稲荷発は9時15分から18時15分まで30分間隔で19本が「岐阜」（新岐阜行）「なりた」（新鵜沼行）「広見」（新広見行）「津島」（津島行）として運転された。また、豊川稲荷発を補完して、11時50分から15時50分まで国府発新名古屋行の「あつた」5本が運転されている。座席指定特急の増発のため、正月輸送期間中は豊橋発着の特急（1977（昭和52）年以降高速）と急行の途中駅待避を増やし、豊橋での特急（高速）と急行の出発時刻を振り替えて運行した。さらに1977（昭和52）年

からは美合行特急（後に高速）の国府への延長、1980（昭和55）年からは名古屋本線から高速、急行が直通し、1983（昭和58）年には名古屋本線からの直通急行が30分間隔で運転している。1985（昭和60）年3月からは直通運転の急行が定期化された。

　1982（昭和57）年まで豊川線は票券閉塞方式で、3箇所ある行き違い場所では係員が通票を渡す様子が見られた。平日には行き違いは諏訪新道信号場のみとなるが、それでも本線からの直通特急は10本以上運転された。豊川稲荷行の座席指定特急は国府から一般客の混乗扱いであったため、1979（昭和54）年正月からは急行に種別変更されている。

　1978（昭和53）年の正月輸送では、「岐阜」の一部が新岐阜から谷汲線に直通する急行の運転にあわせて「谷汲」、翌1979（昭和54）年の正月輸送では、津島からおちょぼ稲荷行のバスの運転にあわせ、「津島」の一部が「おちょぼ」に列車名が変更されている。平仮名表記の初詣特急の名称は、1982（昭和57）年2月14日まで使用された。また、1975（昭和50）年の大晦日から「迎春いなり号」（おこもり列車）2往復も運転されている。

1974（昭和49）年から1982（昭和57）年までは初詣特急の列車名の表記が平仮名だった。1980.1.7　諏訪新道信号場　Ha

1月1日～3日，9日，15日，16日，23日，30日に運転

① いなり12号は：六輪(713)，勝幡(723)，本田(727)，藤日寺(731)に停車。
② いなり18号は：名電各務原(808)，柏森(824)，布袋(830)，西春(838)に停車。
③ いなり34号は：日比野(1107)，勝幡(1113)，本田(1117)，藤日寺(1121)に停車。
④ いなり36号は：名電各務原(1108)，柏森(1124)，布袋(1130)，西春(1138)に停車。
⑤ 南知多168号は，伏見口(1543)に停車。
⑧ は富貴から普通

時間あたり3本の座席指定特急が豊川稲荷に直通した1977（昭和52）年の正月時刻表。

諏訪町～八幡間の諏訪新道信号場で行き違う7000系6連の初詣特急。各信号場は通票を渡しやすいよう、右側通行だった。
1982.2.11　Ha

1975(昭和50)年から年越し
に運転されたおこもり列車。
1981(昭和56)年の正月には、
正式に「迎春いなり」の名称が
つけられた。
1980.12.31　Ha

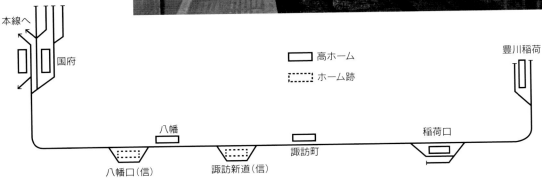

図-4　1980(昭和55年)頃の豊川線線路略図

本線へ
国府
高ホーム
ホーム跡
豊川稲荷
八幡
諏訪町
稲荷口
八幡口(信)
諏訪新道(信)

■昭和時代の豊川線の運行

　正月輸送期間以外の豊川線は、朝夕には名古屋本線への直通列車、昼間帯は30分間隔で普通列車が運転された。1966（昭和41）年3月25日の改正で、毎時1本、諏訪町のみ停車する列車を「特急」として運転したが、1969（昭和44）年7月6日のダイヤ改正で廃止している。

　昼間帯での名古屋本線との直通列車は、1968（昭和43）年5月12日のダイヤ改正で名古屋本線からの準急が毎時1本運転されたのが始まりで、線内は諏訪町と市田に停車した。しかし、1970（昭和45）年12月25日の改正で準急の運行は線内の朝夕に限定され、普通列車として直通運転されていたが、支線への直通運転

を大幅に削減した1974（昭和49）年3月20日のダイヤ改正で線内折り返しに変更された。

　1年を通じた優等列車の豊川線への直通運転は、1977（昭和52）年3月20日から2往復（上り高速、下り急行）で行われたが、高速を削減した1982（昭和57）年3月21日改正で一旦廃止される。その後、1985（昭和60）年3月14日より新岐阜〜犬山線・名古屋本線〜美合間の急行を延伸して時間あたり2本の運転が始まり、昼間帯の全列車が名古屋本線に直通し、豊川線内は各駅に停車した。豊川線直通急行は、当初は犬山線方面から運転されたが、1987（昭和62）年からは、名古屋本線経由の新岐阜発着となっている。

1977（昭和52）年3月から優等列車の豊川稲荷への直通運転が開始された。1977.8.22　Ha

■自動閉塞方式の採用から正月輸送の終了まで

1982（昭和57）年12月15日に豊川線は閉塞方式を票券閉塞方式から自動閉塞に変更し、同時に国府駅で管理するCTC化を行った。このため、正月の風物詩でもあった行き違い箇所での通票渡しの光景も1983（昭和58）年の正月には見られなくなった。また、行き違い箇所では右側通行であったのを左側通行に変更した。

それに先立ち、特急専用に改装された7000系白帯車が運行を開始した1982（昭和57）年3月のダイヤ改正における行先表示の変更を受けて、特急の名称は「豊川稲荷」「成田山」「熱田」「お千代保」の漢字表記に変更された。「谷汲」の名称は1982（昭和57）年限りで廃止されている。

1984（昭和59）年12月に豪華な車内設備を誇る特急用車両として8800系パノラマDX（デラックス）がデビューすると、初の正月輸送である1985（昭和60）年1月には7000系白帯車と連結して豊川稲荷まで運転された。翌年からパノラマDXの豊川線への運転は単独運転となり、1992（平成4）年にDX特別料金を廃止し、西尾特急に転用されるまで続けられた。

1987（昭和62）年12月23日には国府駅が橋上駅化され、構内踏切がなくなったことで、豊川線の時間あたり運行本数は1988（昭和63）年の正月輸送では毎時6本から7本に増強して運転された。1000系パノラマスーパーの運行開始を受けて、1989（昭和64）年の正月輸送では早くも豊川線へ乗り入れ、特急改装をされていない7000系を使用する列車の行先板には臨時の表示が付け加えられた。また、正月輸送期間中は豊橋発着の高速と急行の待避を増やし、豊橋での出発時間を振り替えて豊川行臨時特急を運行していたが、1989（昭和64）年からは基本ダイヤは変更せず、臨時列車を上乗せして運行するようになった。

1990（平成2）年10月に特急の運行方針が変更され、指定席車には1000系パノラマスーパーや特急専用に改装された7000系・7700系白帯車が使用されると、改装をうけていない7000系一般車・7500系を使用した列車とは設備に差が生じることから、1991（平成3）年正月シーズンには7000系一般車・7500系を使用した臨時特急は新たに「新春ライナー」の種別として、座席確保の着席券として200円のライナー券を発行して対応した。新春ライナーの運行開始に伴い、豊川稲荷への本線からの直通列車は時間あたり特急が1本、パノラマDXの特急が1本、新春ライナー 2本となった。新春ライナーの運行は1993（平成5）年の正月までの3シーズン（1993(平成5)年は平日のみ上下各3本運転/西尾特急への転用でパノラマDXの特急もなくなり、全車指定席車の特急を2〜3本/時運転）で終了し、以後の正月輸送期間中は1000系や特急改装された7000系白帯車が毎時2本の運転となり、本線から直通する急行と期間中増発される線内折返しの列車がそれを補った。1990(平成2)年に神宮前〜金山間の複々線化が完成したことを受けて、1991（平成3）年の正月輸送期間の休日には、豊川稲荷15時48分発で金山で折返し河和17時44分着の特急も運転されている。

橋上駅舎ができる前の正月輸送期間中の国府駅。線内列車から名古屋本線の列車へ乗り換える多くの乗客が構内踏切を渡る。
1982.2.11　国府　Ha

閉塞方式の票券閉塞から自動閉塞への変更に伴い、線路間にあった係員用のホームは撤去され、線路も敷き直された。1983年の初詣特急からは行先表記が漢字となった。1983.1.3 諏訪新道信号場 Ha

1986年以降、パノラマデラックスは初詣特急として単独運転となった。八幡口信号場　1992.1.5　Ha

新岐阜・新一宮・犬山・津島→新名古屋→豊川稲荷・東岡崎・豊橋・内海・河和・蒲郡　　上り休日①

上り〈休日〉

名称	豊橋	豊橋	豊川稲荷	豊橋	豊川稲荷	※1三河湾	河和	豊橋	豊川稲荷	※2豊川稲荷	内海	豊橋	豊川稲荷	※3三河湾	DパノラマXマ	河和	豊橋	DパノラマXマ	豊川稲荷5	パノラマXマ	豊橋	内海	※6豊川稲荷	※7三河湾	豊橋8	河和	豊橋	DパノラマXマ9	豊川稲荷	豊川稲荷	※10内海	豊橋
列車番号	62	70	10	72	12	274	86	80	14	316	88	82	418	284	520	96	90	500	420	222	98	92	424	294	426	106	100	502	428	230	108	102
行先	豊橋	豊橋	豊川稲荷	豊橋	豊川稲荷	蒲郡	河和	豊橋	豊川稲荷	豊川稲荷	内海	豊橋	豊川稲荷	蒲郡	豊川稲荷	河和	豊橋	豊川稲荷	内海	豊川稲荷	豊橋	内海	豊川稲荷	蒲郡	豊川稲荷	河和	豊橋	内海	豊川稲荷	豊川稲荷	内海	豊橋
新鵜沼	…	…	…	…	…	734	…	…	…	森上745	…	810	…	834	850	…	…	…	…	佐屋910	…	…	…	新可児900	…	950	…	…	…	1004	…	
犬山遊園	…	…	…	…	…	736	…	…	…		…	813	…	836	852	…	…	…	…	936	…	…	…	900	…	952	…	…	…	1006	…	
犬山	…	…	…	…	…	739	…	…	…		…	815	…	839	854	…	…	…	921	939	…	…	…	…	…	954	…	…	…	1009	…	
江南	…	…	…	…	…	745	…	…	…		…	823	…	845	901	…	…	…	934	945	…	…	…	…	…	1001	…	…	…	1015	…	
岩倉	…	…	…	…	…	751	…	…	…		…	830	…	851	906	…	…	…	939	951	…	…	…	…	…	1006	…	…	…	1021	…	
新岐阜	…	647	…	717	…	727	…	…	…		…	…	…	845	846	…	902	917	…	…	…	…	…	…	…	945	…	946	…	…	…	1017
新一宮	…	658	…	728	…	738	…	758	800		813	828	…	…	…	…	900	…	913	928	…	…	…	…	…	958	…	1000	…	…	…	1028
国府宮	…	↓	…	…	…	743	…	↓	804		818	↓	…	…	…	…	904	…	…	918	…	↓	…	…	…	1004	…	↓	…	…	…	↓
新名古屋	645	715	720	745	750	757	805	815	820	830	835	845	850	857	900	905	915	918	920	930	935	940	945	950	954	1000	1005	1015	1018	1020	1030	1036
金山橋	649	719	725	749	754	802	809	819	825	834	840	849	854	902	904	910	919	923	925	934	940	949	954	1002	1004	1010	1023	1025	1036	1041	1049	
神宮前	652	722	728	752	757	805	813	822	828	837	843	852	857	905	907	913	922	926	928	937	943	952	957	1005	1007	1013	1022	1026	1028	1039	1044	1052
鳴海	↓	↓	↓	↓	↓	845	↓	↓	↓	↓	↓	↓	↓	↓	↓	↓	↓	↓	↓	945	↓	↓	↓	↓	↓	↓	1045	↓				
知立	707	737	745	807	815	821	↓	836	845	↓	↓	907	↓	921	925	↓	936	↓	↓	↓	1007	↓	1021	↓	↓	1037	↓	1108				
新安城	↓	↓	↓	↓	↓	827	↓	↓	↓	↓	907	↓	927	↓	↓	↓	↓	↓	↓	↓	↓	↓	↓	↓	↓	↓	↓					
東岡崎	716	746	756	816	826	↓	846	856	↓	916	↓	936	946	↓	↓	1016	↓	↓	1046	↓	↓	↓	1117									
国府	730	800	815	830	845	蒲郡927	900	915	930	930	945	1000	1015	1030	蒲郡1027	1030	1045	蒲郡1127	1058	1100	1115	1130	1131									
豊橋	739	809	…	842	…	908	…	939	…	959	…	1008	…	1039	…	1108	…	1130	1144	1139												
豊川稲荷	…	…	830	…	858	…	…	930	944	…	…	959	…	1015	…	…	1030	1044	…	…	1059	…	1115	…	…	…	1130	1144				
太田川	…	…	…	…	…	824	…	…	…	854	…	…	924	…	939	…	954	…	…	…	1024	…	1039	…	…	…	1054					
知多半田	…	…	…	…	…	834	…	…	…	904	…	…	934	…	949	…	1004	…	…	…	1034	…	1049	…	…	…	1105					
知多武豊	…	…	…	…	…	838	…	…	…	908	…	…	938	…	…	…	1008	…	…	…	1038	…	1109									
富貴	…	…	…	…	…	841	…	…	…	912	…	…	941	…	955	…	1012	…	…	…	1041	…	1055	…	…	…	1112					
上野間	…	…	…	…	…	…	…	…	…	918	…	…	…	…	1000	…	1018	…	…	…	1100	…	1118									
知多奥田	…	…	…	…	…	…	…	…	…	921	…	…	…	…	…	…	1022	…	…	…	1122											
野間	…	…	…	…	…	…	…	…	…	…	…	…	…	…	1024	…	…	…	…	…	1124											
内海	…	…	…	…	…	…	…	…	…	926	…	…	…	…	1007	…	…	…	…	…	1107	…	1127									
河和口	…	…	…	…	…	…	…	…	…	…	…	…	…	…	947	…	…	…	…	…	1047											
河和	…	…	…	…	…	…	↓	…	…	…	…	…	…	…	947	…	…	…	…	…	1047											

※1　三河湾274号は、南安城(833)、碧海桜井(838)、米津(843)、西尾(847)、上横須賀(855)、吉良吉田(900)、西幡豆(905)、東幡豆(909)、西浦(919)、形原(921)停車
※2　三河湾316号は、津島(805)、勝幡(808)、木田(812)、甚目寺(817)、須ヶ口(821)停車
※3　豊川稲荷418号は、柏森(820)、布袋(826)、西春(835)停車
※4　三河湾284号は、南安城(933)、碧海桜井(938)、米津(943)、西尾(947)、上横須賀(955)、吉良吉田(1000)、西幡豆(1005)、東幡豆(1009)、西浦(1019)、形原(1021)停車
※5　内海98号は、美浜緑苑(1019)停車

※6　豊川稲荷424号は、日比野(913)、津島(918)、勝幡(921)、木田(925)、甚目寺(931)、須ヶ口(937)停車
※7　三河湾294号は、南安城(1033)、碧海桜井(1038)、米津(1043)、西尾(1047)、上横須賀(1055)、吉良吉田(1100)、西幡豆(1105)、東幡豆(1109)、西浦(1119)、形原(1121)停車
※8　豊川稲荷426号は、笠松(952)停車
※9　豊川稲荷428号は、笠松(952)停車
※10　内海108号は、美浜緑苑(1119)停車

□豊川稲荷号は国府から高速になります。□一般のお客様もご乗車になります。1月2日は休日運転になりますのでご了承ください。

パノラマDX（デラックス）が運行された1988（昭和63）年正月時刻表。

なお、名古屋本線の列車に接続する線内折返しで諏訪町のみ停車する列車は「急行」あるいは「高速」の種別で運転されていたが、1990(平成2)年の「高速」の廃止に伴い「特急」、1996(平成8)年からは「快速急行」となり、1999(平成11)年を最後に廃止された。

1995(平成7)年から県道東三河環状線との立体交差化に伴う高架化工事に伴い、八幡口信号場の行違い設備が仮線の八幡駅に移され、1996(平成8)年12月14日に八幡駅付近1.6kmが高架化された。

7000系白帯車による座席指定特急の運転は、1999(平成11)年に1600系パノラマスーパーの運転開始で終了し、以後は1000系パノラマスーパーによる運転となり、指定席車も特別車と名称が変更された。しかし、中部国際空港(セントレア)開港に伴うミュースカイ2000系などの空港アクセス列車の運行開始により豊川稲荷行の初詣特急の運行はなくなり、2005(平成17)年1月28日をもって半世紀に亘って続けられた豊川稲荷への正月輸送を終了した。

運転開始間もない1000系パノラマスーパーも初詣特急として豊川線に乗り入れた。特急改装されていない7000系や7500系を使用した初詣特急の標板には、臨時の文字が付け加えられた。　八幡口信号場　1990.1.28　Ha

上り〈休日〉 新岐阜・新一宮・犬山・津島→新名古屋→豊川稲荷・東岡崎・豊橋・内海・河和・蒲郡

上り休日①

名称	豊橋	豊橋	内海	豊橋	豊川稲荷	河和	豊橋	豊川稲荷	内海	※1 新春ライナー	豊橋	※2 新春ライナー	※3 蒲郡	河和	Dパノラマ	豊橋	Dパノラマ
列車番号	66	72	278	76	8	286	82	10	288	12	86	14	284	296	520	92	500
行先	豊橋	豊橋	内海	豊橋	豊川稲荷	河和	豊橋	豊川稲荷	内海	豊川稲荷	豊橋	豊川稲荷	蒲郡	河和	豊川稲荷	豊橋	内海
新鵜沼	…	…	…	…	…	734	…	…	804	森上 755	…	810	…	834	…	…	850
犬山遊園	…	…	…	…	…	736	…	…	806	‖	…	812	…	836	…	…	852
犬山	…	…	…	…	…	739	…	…	809	‖	…	815	…	839	…	…	854
江南	…	…	…	…	…	745	…	…	815	‖	…	823	…	845	…	…	901
岩倉	…	…	…	…	…	751	…	…	821	‖	…	830	…	851	…	…	906
新岐阜	…	647	…	717	…	‖	747	748	‖	‖	817	‖	…	‖	…	847	‖
新一宮	…	658	…	728	…	‖	758	800	‖	‖	828	‖	…	‖	…	858	‖
国府宮	…	レ	…	レ	…	‖	レ	804	‖	‖	レ	‖	…	‖	…	レ	‖
新名古屋	645	715	735	745	750	805	815	820	835	836	845	850	857	905	906	915	918
金山	649	719	739	749	754	809	819	824	839	840	849	854	901	910	910	919	923
神宮前	651	721	743	751	757	813	821	827	843	843	851	857	904	913	913	921	926
鳴海	レ	レ	‖	レ	レ	‖	レ	レ	‖	レ	レ	レ	レ	‖	レ	レ	‖
知立	707	737	‖	806	815	‖	837	845	‖	901	907	915	920	‖	931	937	‖
新安城	レ	レ	‖	レ	レ	‖	レ	レ	‖	レ	レ	レ	927	‖	レ	レ	‖
東岡崎	716	746	‖	816	825	‖	846	855	‖	911	916	925	‖	‖	941	946	‖
国府	730	800	‖	829	レ	‖	900	レ	‖	928	930	942	‖	‖	レ	1000	‖
豊橋	739	809	‖	838	‖	‖	909	‖	‖	‖	939	‖	蒲郡 1027	‖	‖	1009	‖
豊川稲荷	…	…	‖	…	852	‖	…	922	‖	939	…	952	…	‖	1009	…	‖
太田川	…	…	754	…	…	824	…	…	854	…	…	…	…	924	…	…	939
知多半田	…	…	804	…	…	834	…	…	904	…	…	…	…	934	…	…	949
知多武豊	…	…	808	…	…	838	…	…	908	…	…	…	…	938	…	…	レ
富貴	…	…	812	…	…	841	…	…	912	…	…	…	…	941	…	…	955
上野間	…	…	818	…	…	‖	…	…	918	…	…	…	…	‖	…	…	1001
知多奥田	…	…	821	…	…	‖	…	…	921	…	…	…	…	‖	…	…	レ
野間	…	…	レ	…	…	‖	…	…	レ	…	…	…	…	‖	…	…	レ
内海	…	…	826	…	…	‖	…	…	926	…	…	…	…	‖	…	…	1008
河和口	…	…	…	…	…	レ	…	…	…	…	…	…	…	レ	…	…	…
河和	…	…	…	…	…	847	…	…	…	…	…	…	…	947	…	…	…

名称	※4 新春ライナー	☆豊橋	※5 内海	※6 豊川稲荷	☆豊橋	※7 新春ライナー	※8 西尾	☆豊橋	河和	△Dパノラマ	☆豊橋	Dパノラマ	※9 新春ライナー	☆豊橋	※10 内海	豊川稲荷
列車番号	16	94	298	18	96	20	294	100	306	522	102	502	22	104	308	24
行先	豊川稲荷	豊橋	内海	豊川稲荷	豊橋	豊川稲荷	西尾	豊橋	河和	豊川稲荷	豊橋	内海	豊川稲荷	豊橋	内海	豊川稲荷
新鵜沼	…	…	904	佐屋 903	…	新可児 850	…	…	934	…	…	950	…	…	1004	…
犬山遊園	…	…	906	‖	…	‖	…	…	936	…	…	952	…	…	1006	…
犬山	…	…	909	‖	…	915	…	…	939	…	…	954	…	…	1009	…
江南	…	…	915	‖	…	923	…	…	945	…	…	1001	…	…	1015	…
岩倉	…	…	921	‖	…	930	…	…	951	…	…	1006	…	…	1021	…
新岐阜	848	902	‖	‖	917	‖	…	932	‖	…	947	‖	948	1002	‖	1003
新一宮	900	913	‖	‖	928	‖	…	943	‖	…	958	‖	1000	1013	‖	1015
国府宮	904	917	‖	‖	レ	‖	…	947	‖	…	レ	‖	1004	1017	‖	1019
新名古屋	920	930	935	936	945	950	957	1000	1005	1006	1015	1018	1020	1030	1035	1036
金山	924	934	939	940	949	954	1001	1004	1009	1010	1019	1023	1024	1034	1039	1040
神宮前	927	936	943	943	951	957	1004	1006	1013	1013	1021	1026	1027	1037	1043	1043
鳴海	レ	レ	‖	レ	レ	レ	レ	レ	‖	レ	レ	‖	レ	レ	‖	レ
知立	945	953	‖	1001	1007	1015	1020	1023	‖	1031	1037	‖	1045	1053	‖	1101
新安城	レ	957	‖	レ	レ	レ	1027	1027	‖	レ	レ	‖	レ	1057	‖	レ
東岡崎	955	1004	‖	1011	1016	1025	‖	1034	‖	1041	1046	‖	1055	1104	‖	1111
国府	1012	1018	‖	レ	1030	1042	‖	1048	‖	レ	1100	‖	1112	1118	‖	レ
豊橋	‖	1028	‖	‖	1039	‖	西尾 1046	1056	‖	‖	1109	‖	‖	1128	‖	‖
豊川稲荷	1022	…	‖	1039	…	1052	…	…	‖	1109	…	‖	1122	…	‖	1139
太田川	…	…	954	…	…	…	…	…	1024	…	…	1039	…	…	1054	…
知多半田	…	…	1004	…	…	…	…	…	1034	…	…	1049	…	…	1104	…
知多武豊	…	…	1008	…	…	…	…	…	1038	…	…	レ	…	…	1108	…
富貴	…	…	1012	…	…	…	…	…	1041	…	…	1055	…	…	1112	…
上野間	…	…	1018	…	…	…	…	…	‖	…	…	1101	…	…	1118	…
知多奥田	…	…	1022	…	…	…	…	…	‖	…	…	レ	…	…	1122	…
野間	…	…	1024	…	…	…	…	…	‖	…	…	レ	…	…	1124	…
内海	…	…	1027	…	…	…	…	…	‖	…	…	1108	…	…	1127	…
河和口	…	…	…	…	…	…	…	…	レ	…	…	…	…	…	…	…
河和	…	…	…	…	…	…	…	…	1047	…	…	…	…	…	…	…

※1　新春ライナー12号は，津島(810)，勝幡(813)，木田(817)，甚目寺(822)，須ケ口(826)諏訪町(935)停車
※2　新春ライナー14号は，柏森(820)，布袋(826)，西春(835)，諏訪町(948)停車
※3　蒲郡行284号は，南安城(933)，碧海桜井(938)，米津(943)，西尾(947)，上横須賀(955)，吉良吉田(1000)，西幡豆(1005)，東幡豆(1009)，西浦(1019)，形原(1021)停車
※4　新春ライナー16号は，諏訪町(1018)停車
※5　内海行298号は，美浜緑苑(1020)停車
※6　豊川稲荷行18号は，日比野(906)，津島(910)，勝幡(913)，木田(917)，甚目寺(922)，須ケ口(926)停車
※7　新春ライナー20号は，日本ライン今渡(854)，西可児(859)，諏訪町(1048)停車
※8　西尾行294号は，南安城(1033)，碧海桜井(1038)，米津(1043)停車
※9　新春ライナー22号は，笠松(953)，諏訪町(1118)停車
※10　内海行308号は，美浜緑苑(1120)停車

□国府停車の新春ライナーは国府から全車一般席になります。一般のお客様もご乗車になりますのでご了承ください。
□1月2日・3日・5日は休日運転になりますのでご注意ください。

☆＝一部指定席車
△＝不定期特急列車　運転日は係員におたずねください。
この列車は，会員募集向けですが，余席のあるときに限り，座席指定券は，一週間前から発売します。

新春ライナーが運転された1991(平成3)年正月の特急時刻表

1991年から主に7500系で3年間運転された「新春ライナー」。着席券が200円で発売された。
八幡口信号場　1991.1.5　Ha

全車座席指定特急の運転が時間2本体制となってからは、1000系と7000系白帯車が使用された。7000系白帯車による座席指定特急は1999（平成11）年まで運行された。　1993.1.2　諏訪新道信号場　Ha

上り《休日》　新岐阜・新一宮・犬山・津島→新名古屋→豊川稲荷・豊橋・内海・河和・常滑・西尾　上り休日①

□1月1日〜3日は休日運転になりますのでご注意ください。

行先	☆豊橋	河和	☆豊橋	☆豊橋	吉良吉田	☆豊橋	内海	※2豊川稲荷	☆豊橋	河和	※3豊川稲荷	☆西尾	※4豊川稲荷	☆豊橋	内海	※5豊川稲荷	常滑	☆豊橋	河和	☆豊橋	吉良吉田	※6豊川稲荷	※7豊川稲荷	内海	※8常滑	☆豊橋	河和	☆豊橋	吉良吉田	※9豊川稲荷	☆豊橋	河和	☆豊橋	吉良吉田	※10豊川稲荷	※11豊橋	☆豊橋
列車番号	66	266	70	72	274	74	278	76	14	80	286	82	284	16	84	288	86	18	58	494	90	296	92	294	20	94	298	96	22	66	504	100	306	102	304	24	104
新鵜沼		622					710			740				810	新可児808	815					840			910			940										
犬山遊園		624					712			742				812		818					842		新可児908	912			942										
犬山山		626					715			745				815		828					845			915			945										
江南南倉		633					722			752				822		838					852			922			952										
岩倉		640					728			758				828		845					858			928			958										
新岐阜			638	654		708		723		738		754		805	808		823			838		854		905	908		923			938		954		1005	1008		
新一宮			648	704		718		733		748		804		815	818		833			848		904		915	918		933			948		1004		1015	1018		
国府宮			652			722				752										852				922										1022			
佐屋												754		800								854		900						954				1000			
津島												800										900								1000							
新名古屋	648	652	704	719	720	734	740	748	800	804	810	819	820	830	834	840	848	900		902	904	910	919	922	930	934	940	948	1000	1002	1004	1010	1019	1020	1030	1034	
金山	652	657	707	722	724	737	744	752	807	814	822	824	837	844	852		904	905		907	914	922	924	934	937	944	952		1004	1005	1007	1014	1022	1022	1030	1034	1037
神宮前	654	700	710	725	727	740	747	754	807	817	825	827	837	840	847	854	907	908		910	917	925	927	937	940	947	954		1007	1008	1010	1017	1025	1027	1037	1040	
知立	708		724		743	754		808	822	824		843	852	854			908		922			924			952	954			1022				1043	1052	1054		
新安城	717		728		749	758		805	817			849	858				908				924			928		949	958			1028			1049		1058		
東岡崎	717		735	747		805		817	835	835		847			901	905		917	931		935		947	1001	1005		1017		1031		1035		1047	1101	1105		
国府	737		756	807		828		837		857		908			916	918		926		937		948		956	1007		1028		1037		1048		1056	1107	1116	1118	1127
豊川稲荷								857				927						957				1027							1057					1127			
西尾					805						904									1005										1105							
吉良吉田					815															1015										1115							
太田川		713					757			827				857			918		927					957				1018				1027					
知多半田		725					808			838				908					938					1010				1038									
知多武豊		729					812			842				912					942					1014				1042									
富貴		731					815			845				915					945					1016				1045									
上野間										822				922										1022													
知多奥田										824				924										1026													
野間										829				929										1031													
内海										829				929										1031													
河和		737					851										951										1051										
常滑																	常滑1032																				

※1 吉良吉田行274号は、鳴海（730）、南安城（753）、碧南桜井（757）、米津（801）、上横須賀（811）停車。
※2 豊川稲荷行14号は、諏訪町（854）停車。
※3 西尾行284号は、日比野（756）、勝幡（802）、木田（806）、須ケ口（813）、鳴海（833）、南安城（853）、碧南桜井（857）、米津（901）停車。
※4 豊川稲荷行16号は、諏訪町（924）停車。
※5 豊川稲荷行18号は、犬山で58号と連結、豊橋、日本ライン今渡（811）、西可児（816）、諏訪町（954）停車。
※6 吉良吉田行294号は、勝幡（902）、木田（906）、須ケ口（913）、鳴海（933）、南安城（953）停車。
※7 豊川稲荷行20号は、諏訪町（1024）停車。
※8 内海行29号は、美浜緑苑（1024）停車。
※9 豊川稲荷行22号は、犬山で68号と連結、日本ライン今渡（911）、西可児（916）、諏訪町（1054）停車。
※10 吉良吉田行304号は、日比野（956）、勝幡（1002）、木田（1006）、須ケ口（1013）、鳴海（1033）、南安城（1053）、碧南桜井（1057）、米津（1101）、上横須賀（1111）停車。
※11 豊川稲荷行24号は、諏訪町（1124）停車。

1000系と7000系白帯車が使用された1995（平成7）年正月の特急時刻表。全車座席指定の特急は時間あたり2本となり、このパターンが1999（平成11）年の「指定席車」から「特別車」への名称変更を経て、2005（平成17）年の豊川線初詣輸送終了まで続いた。

豊川線と名古屋本線の直通列車は、1985 (昭和60) 年3月14日から美合止まりの急行を延伸して毎時2本が急行として運転されたが、コロナ禍に伴う乗客の減少もあって2008 (平成20) 年5月22日から昼間帯の直通運転が廃止されている。左は6800系、右は5500系。1991.1.5　八幡口信号場

■平成から令和にかけての豊川線

　1990 (平成2) 年10月に特急の運行方針が変更になり、指定席車と一般席車との併結が始まると、豊橋へ運行していた1000系による全車指定席の特急は運行時間の制約を受けるようになった。このため、1993 (平成5) 年8月12日から全車指定席の豊川稲荷発着の特急が通年運行となり、昼間帯1往復、夕方2往復設定された。1997 (平成9) 年4月に豊橋発着の特急がすべて一部指定席車となると、東岡崎以東の特急利用者の利便を図るため、全車指定席車の1000系を使って朝夕ラッシュ時に豊川稲荷発着で運行が始められた。全車指定席車の特急は、1999 (平成11) 年5月の特別車への名称変更を経て、2008年 (平成20) 年12月27日のダイヤ改正における1000系の全車廃車に伴い、廃止された。

　全車特別車の特急に変わり、2005 (平成17) 年1月29日からは一部特別車の特急が平日のみ1往復運転され、2011 (平成23) 年3月26日からは快速特急に種別変更されて下り2本のみの運転となった。なお、快速特急車両の送り込みとして設定されている豊川稲荷行の急行では、2021 (令和3) 年3月15日から特別車の利用ができるようになった。

　本線に直通する急行は、ほぼ終日にわたり毎時2本が運転され、2005 (平成17) 年1月29日から昼間帯の下りは快速急行として運転されたが、2008 (平成20) 年12月27日に一部列車が東岡崎まで準急に種別変更されている。コロナ禍に伴う利用客の大幅な減少から、2021 (令和3) 年5月22日から10時～16時の直通運行が休止され、線内折り返しの普通となり、同年10月30日のダイヤ改正で正式に廃止となった。

　一方、普通列車は、2005 (平成17) 年1月29日のダイヤ改正で昼間帯に2本増発され、本線に直通する急行と合わせ毎時4本体制となった。2021 (令和3) 年5月22日から10時～16時の直通運行廃止により、この時間帯の普通列車は線内折り返しとなったが、コロナ禍に伴う乗客減により、2021 (令和3) 年10月30日より昼間時間帯は毎時2本に削減されている。

　なお、線内折り返しの普通列車は、2011 (平成23) 年3月26日から車両側に機器を設置せず、駅で集改札を行う都市型ワンマン方式でワンマン化され、6800系4～6次車のうち12本 (6829～39編成) がワンマン運転対応車として使用されている。

第3章
名鉄高速電車変遷史-1
戦前の優等列車

　名古屋鉄道の基盤をつくった名岐鉄道と愛知電気鉄道。1935（昭和10）年の合併前後には、両社が伝統を踏まえた優秀車両を登場させ、速度や利便性を高めていった。本稿では両社の創業から合併、そして戦後の東西直通運転に至るまでの優等列車の変遷を紹介する。

昭和10（1935）年に開通した木曽川橋梁を渡るモ850系。この橋梁の完成で名古屋～岐阜間が結ばれ、都市間を結ぶ高速電車として名古屋鉄道が発展する契機となった。名岐線木曽川堤～東笠松　1940年頃　Sm

現在の名古屋鉄道の歴史は、1935（昭和10）年までさかのぼる。当時、名古屋（押切町）と岐阜（新岐阜）を結ぶ路線を中心に尾張地方や岐阜地区に路線を張りめぐらせていた「名岐鉄道」と、名古屋（神宮前）と豊橋（吉田）や知多半島や三河地区に路線を延ばしていた「愛知電気鉄道」が1935（昭和10）年8月1日に合併してできたのが、現在の名古屋鉄道である。

しかし、二つの鉄道が合併しても、岐阜から豊橋まで直通する列車を走らせることはできなかった。名古屋と神宮前間の線路がつながっていないことに加え、電車を走らせるための架線電圧が異なっていたためである。合併後に旧名岐鉄道の押切町〜新岐阜間は「西部線」、旧愛知電気鉄道の神宮前〜豊橋間は「東部線」と呼ばれた。名古屋と神宮前間を結ぶ東西連絡線が開業したのは戦時下の1944（昭和19）年9月1日で、架線電圧600Vであった西部線の昇圧により、岐阜〜豊橋間の東西直通運転が可能になったのは戦後の1948（昭和23）年5月であった。

本稿では、東西直通運転が可能になる1948（昭和23）年5月までの名古屋鉄道における特急・急行の優等列車の変遷について、前史にあたる初代名古屋鉄道〜名岐鉄道、愛知電気鉄道時代から紹介する。

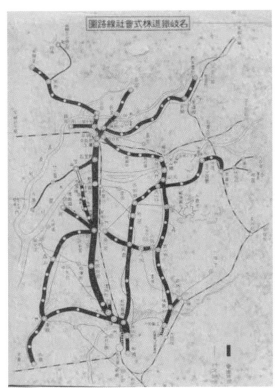

名岐鉄道の路線図（1935年頃）　F

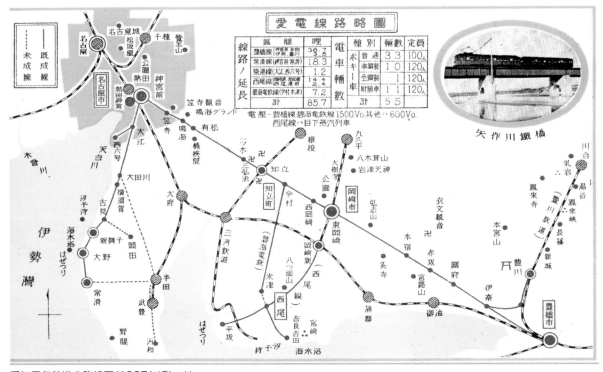

愛知電気鉄道の路線図（1927年頃）　Ha

西部線の優等列車

名古屋鉄道の前身のひとつである名岐鉄道は、1894（明治27）年に愛知馬車鉄道として設立され、1898（明治31）年5月に名古屋市内の笹島（名古屋駅前）〜県庁前間（現在の栄付近）でわが国2番目の路面電車の営業を始めた名古屋電気鉄道が始まりである。名古屋電気鉄道は市内に路線を延伸し、事業的にも成功を収めると、路面電車の市営化への論議が高まっていった。

また、都市と地域の交流が活発化する中で郊外電気鉄道が有望な事業と目されるとともに、軌道条例の拡大解釈によりその建設が容易になった。これにより名古屋周辺でも郊外電気鉄道の計画が次々と現れ、こうした動きに対応するため、同社では1906（明治39）年に津島、一宮、犬山への路線を申請し、翌07（明治40）年に同区間の免許を申請していた尾張電車鉄道、一宮電気鉄道を合併することで郊外線への進出が具体化した。3路線は軌道条例による特許を受けていたが、1910（明治43）年の軽便鉄道法施行により

郡部線開業時の主力車両であったデシ500形。枇杷島付近。画面左に名古屋城が写っている。　出典：絵はがき　Ha

表-2　柳橋駅開業前後の郡部線時刻

列車番号	1913（大正2）年10月				1914（大正3）年12月					
	27	24	25・117	118・28	−	−	−	−	−	−
柳橋	−	−	−	−	10:20	11:02	10:00	11:42	10:10	10:52
押切町	10:20	10:57	10:00	11:57	10:32	10:50	10:12	11:30	10:22	10:40
岩倉	10:50	10:29	10:30	11:29	11:02	10:21	10:40	11:01		
古知野	−	−	10:48	11:05	−	−	10:57	10:44		
犬山	−	−	11:13	10:40	−	−	11:21	10:20		
東一宮	11:07	10:10	−	−	11:18	10:03	−	−		
津島	−	−	−	−	−	−	−	−	11:02	10:00

出典：大正2年10月　一宮線・犬山線時刻表　　　　　　出典：大正3年12月　郡部線電車時刻表

初代名古屋鉄道最初のボギー車である1500形。デホ350形を経てモ350形となった。1942年　Ar

これに切り替える方が得策となったことから、1912（明治45）年3月に同法による免許を得た。

　こうして名古屋電気鉄道最初の郊外線（郡部線）として、1912（大正元）年8月6日に一宮線・枇杷島橋～西印田（翌年1月25日に東一宮に延伸）間と途中の岩倉で分岐して犬山に至る犬山線が開業した。大正になると運賃問題などから路面電車市営化の要望が高まり、1921（大正10）年6月に名古屋鉄道（初代）を設立して郡部線を分離し、翌1922（大正11）年8月1日に市内線は名古屋市に買収された。名古屋市では電気局を設立して運行にあたった。

　設立時の名古屋鉄道（初代）の路線は、前記一宮線と犬山線に加え、枇杷島橋～新津島間の津島線、須ヶ口～清洲町間の清洲線、岩倉～小牧間の小牧線の計54.9kmであった。1913（大正2）年11月20日には市内のターミナルとして柳橋駅が開業し、郡部線は総ての列車が市内線に乗り入れ、同駅を起点に各線に20分毎に運転した。運行の中心は東一宮への一宮線で、鉄道省の東海道本線より所要時間はかかるものの、運行本数の多さで圧倒した。車両は開業に備えて製造された4輪電動単車40両（168～205、後のデシ500形、および貴賓車トク1，2、後のデシ551）とボギー電動客車7両（1501～6、1510、後のデホ350形）であった。（表-2）

初代名古屋鉄道の優等列車

　利用者の増加により、1923（大正12）年5月1日から一宮線、犬山線に急行の運転が始まっている。いずれも1時間に1本の運転で、東一宮行は柳橋発で押切町、枇杷島橋、西春、岩倉に停車し、所要時間は44分。犬

名古屋鉄道初の半鋼製ボギー車として1927年に登場したデセホ700形。改番によりモ700形となった。1942年　Ar

表-3　昭和4（1929）年　柳橋発時刻表

行先	発車時刻	所要時分	
		急行	普通
新鵜沼	急00，20，40	47分	60分
東一宮	10，急30，49	32分	43分
木曽川橋	15，35（一宮），急55	48分	58分
津島	5，25，45		40分

山行は東一宮行に接続して岩倉発で、布袋、古知野、柏森、犬山口に停車し、所要時間は27分であった。犬山線では急行運転に先立ち、前年の1922（大正11）年7月に岩倉～犬山口間を複線化している。

犬山線は、1926（大正15）年10月に木曽川を越えて新鵜沼まで延長されて全通した。1927（昭和2）年11月20日には新造されたデセホ700形と貴賓車トク3を使い、お召し電車が運転されている。編成はデセホ706＋トク3＋デセホ707で、運行時刻は下記の通りであった。

押切町　10:55　→　犬山橋　11:40
押切町　16:35　←　犬山橋　15:50

一方、一宮そして岐阜への運行は、1925（大正14）年8月に尾西鉄道を合併し、同社の弥富～新一宮～木曽川港間と名古屋市内への路線である中村線新一宮～国府宮間が加わったことで具体化した。清洲支線の丸之内（後に丸ノ内に変更）と国府宮を結ぶ新線建設と複線化を行い、1928（昭和3）年4月10日に開業したことをうけて、新一宮を経て尾西線木曽川橋への運行を始めている。同年7月28日からは木曽川橋～笠松間をバスで結び、美濃電気軌道の笠松線との連絡運輸で名古屋～岐阜間が結ばれることになった。これにあわせ、新一宮経由木曽川橋行の急行を運転した。

1929（昭和4）年の柳橋発の各線の昼間帯の運行パターンと所要時間、急行の標準的な時刻は表-3、4の通りであった。

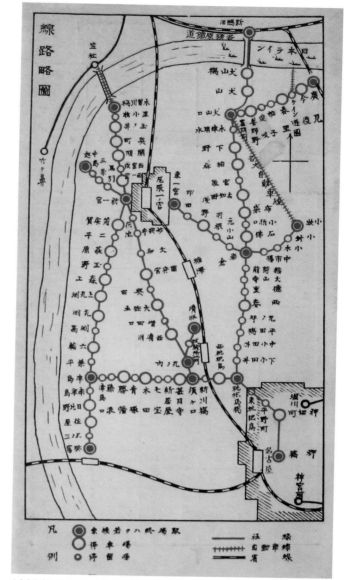

1929（昭和4）年の名古屋鉄道路線図
出典：昭和4年6月1日改正　時刻賃金表

表-4　1929（昭和4）年6月1日改正・急行の標準的な運行時刻

	急	急	急	急	普	普	急	急
柳橋	8:00	9:15	7:30	8:34	8:05	8:52	7:55	8:20
押切町	8:09	9:06	7:39	8:26	8:14	8:43	8:04	8:11
岩倉	8:23	8:52	7:54	8:10	—	—	—	—
古知野	8:31	8:43	—	—	—	—	—	—
犬山	8:43	8:31	—	—	—	—	—	—
新鵜沼	8:46	8:28	—	—	—	—	—	—
東一宮	—	—	8:02	8:02	—	—	—	—
津島	—	—	—	—	8:45	8:12	—	—
新一宮	—	—	—	—	—	—	8:27	7:48
木曽川橋	—	—	—	—	—	—	8:43	7:32

出典：昭和4年6月1日改正　時刻賃金表

高山線直通列車の運転

　1928（昭和3）年3月21日に高山線が飛騨金山まで開通すると、犬山線に高山線列車に接続する連絡急行を3往復運転するとともに、温泉地である下呂までの往復割引切符を発売した。下呂までの往復割引運賃は5円70銭で、飛騨金山～下呂間はバス連絡である。（表-5）

　1930（昭和5）年11月2日の高山線の下呂延長により、高山線列車に連絡した犬山線の特急の運行が開始される。運行時刻は、土曜日が柳橋発16時50分、日・祝日が6時40分と8時50分であった。

　下呂行列車は、1932（昭和7）年10月8日から直通車両による運行となり、車内を半室畳敷（のちに全室）に改造したデセホ750形755、756が使用され、名物車掌による沿線案内がおこなわれた、という。車両は翌年、便所付のデホ251、252（元尾西鉄道デホ200形で、1933（昭和8）年7月に貫通路、便所を設け、デホ250形に改番）に取り替えられた。1934（昭和9）年頃の運行は下図のとおりで、土曜日の柳橋駅発が15時25分、日曜日が8時30分で、予約制で定員100名。運賃は片道3円50銭が2円80銭に割引され、高山線内は無停車であった。

　直通電車の運転は1940（昭和15）年10月10日か

表-5　高山線連絡急行時刻表

柳橋		新鵜沼		飛騨金山
		着	発	
8:01	→	8:56	9:07	→	12:03
13:01	→	13:56	14:10	→	16:43
16:01	→	16:56	17:04	→	19:33
12:23	←	11:28	11:13	←	8:50
17:23	←	16:28	16:09	←	14:00
20:23	←	19:28	19:07	←	17:00

1941（昭和16）年の新名古屋駅開業までは名古屋市内のターミナルだった柳橋駅。下呂温泉の宣伝が大きく掲げられている。

下呂直通電車の時刻が記された下呂・小坂方面時刻表。飛騨小坂まで開業し高山まで未開業なので1934（昭和9）年頃である。

らの国鉄客車による富山への直通運転につながって
いく。高山本線への直通運転は、名古屋財界から名
古屋始発の高山本線への直通運転の要望に添った
もので、鉄道省の17m級木製ボギー車であるナハフ
14100形のブレーキを改造して使用した。高山本線
への直通列車は1941（昭和16）年秋には2往復（時刻

表の掲載は1往復のみ）となるが、戦時下に運転休止
となっている。戦後になっても犬山線の優等列車は
新鵜沼での高山本線列車接続を重視した運行が行わ
れており、等時隔の運行になるのは1962（昭和37）
年6月だった。

昭和4（1929）年に納涼特急（お座敷ビール電車）用に半室畳敷となったデセホ750形の車内。デセホ750形（のちのモ750形）は前年の昭和3（1928）年11月に8両が竣工している。下呂直通にも、同様の車両が使用された。お座敷ビール電車は週末と1、15日に柳橋発18時30分、犬山発22時03分で運転されている。
出典：絵はがき

表-6　高山本線富山直通客車時刻

列車番号	新名古屋	岩倉	古知野	犬山橋	鵜沼		下呂	高山	富山
3309（309）	8:55	9:13	9:21	9:34	9:36	9:49	11:28	12:45	14:47
3314（314）	18:11	17:54	17:46	17:33	17:30	17:23	15:42	14:33	11:45

出典：昭和16年8月　西部本線時刻表

デセホ707～710のうち2両が国鉄ナハフ14100形14231～4、14238のうち2両を牽引した。戦時下の1941（昭和16）年には2往復に増加しているが戦争の激化に伴い、いつしか運転休止になった。

名岐間特急運転の始まり

美濃電気軌道笠松線を介しての名古屋と岐阜間の連絡運輸の開始は、笠松線の改良による直通運転へと発展し、その進展により両社は合併することになった。1930（昭和5）年4月の合併により社名は名岐鉄道と改称され、木曽川橋梁の架橋により名岐間の直通運転を目指すことになった。

木曽川の架橋は1935（昭和10）年に完成し、4月29日から名岐線押切町～新岐阜間に特急の運転が始められた。この直通運転に備えて製造されたのが、18m級両運転台車で2扉固定クロスシートのボギー車であるデボ800形である。外観はゆるやかに曲線を描いた正面妻板が優雅さを感じさせ、曲率の小さな屋根と前面、窓を大きく開けられるようにした広い幕板部分の形状や、ES系制御器とTDK528電動機を用いるAL（Automatic Line Controlの略）制御方式は戦後の3800系に引き継がれ、名鉄車両の基礎となった。800形は名岐間直通運転開始に両運転台電動車5両（801～805）が竣工しただけで、翌36（昭和11）年3月に増備車として5両（806～810）が加わり、全10両となっている。名岐鉄道は、1935（昭和10）年8月1日に愛知電気鉄道と合併し、現在の名古屋鉄道が誕生した。旧名岐鉄道の路線は、西部線となった。

路面電車を出自とする名岐鉄道は、直通運転する名古屋市内の軌道線はもちろんのこと、庄内川橋梁など線路中心間隔が10フィート（3,048mm）の区間があり、車体幅は2,440mm程度が最大であった。この

ため、庄内川橋梁は1958（昭和33）年3月に架け替えられるまで、車両大型化の障害となった。この区間では、橋梁入口に「ほっぺたたたき」と呼ばれる窓から顔を出している乗客への警告板を取り付けるとともに、デボ800形などの大型車両は20km/hで走行した。新岐阜～新一宮間など、新しく建設された区間の線路中心間隔は11フィート（3,353mm）を採用し、車体幅は2,740mmが可能になった。

特急の所要時間は新岐阜まで34分で、特急は毎時0分に押切町を発車し、枇杷島橋、新一宮、廣江に停車し、新岐阜に34分に到着している。特急には、毎時50分柳橋発の津島行が押切町で接続した。新岐阜発

新名古屋駅開業前の名古屋方ターミナルだった押切町を発車するデボ800形の新岐阜行特急。

名岐間直通運転に備え1935（昭和10）年に竣工したデボ800形。名岐鉄道初の18m級車両であるとともに、制御や駆動方式は戦後の車両に引き継がれ、名鉄車両の基礎となった。
出典：絵はがき

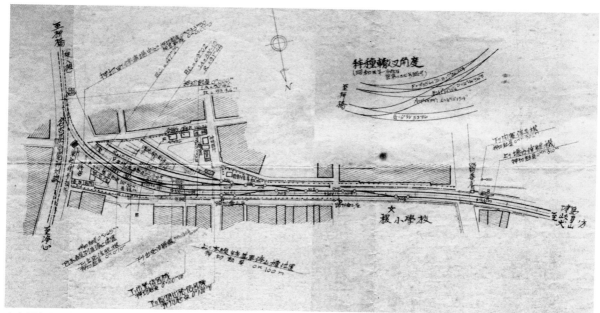

名古屋市電と直通していた押切町駅の配線図

は毎時5分で押切町着は39分だった。急行も毎時1本運転され、特急停車駅に加え、須ヶ口、丸ノ内、国府宮、新木曽川、東笠松、笠松に停車し、所要時間は41分だった。急行は国府宮で毎時2本運転されている柳橋発新岐阜行普通列車に接続した。

同時期の犬山線には、特急、急行の種別の列車が運転されている。特急は、高山本線下呂への直通列車だけで、土曜あるいは日曜日に柳橋を発車し、押切町、枇杷島橋、岩倉に停車し、新鵜沼まで40分で運転した。急行は毎時1本の運転で、枇杷島橋、岩倉、布袋、古知野、柏森、犬山口（広見線連絡）、犬山、犬山橋に停車し、柳橋〜新鵜沼間を47分で運行した。加えて柳橋発の一宮線東一宮行の急行が毎時2本（内1本は一宮線内普通）あり、押切町、枇杷島橋、西春、岩倉、浅野に停車して35分で運転している。（表-7）

表-7　名岐間特急運転開始時の運転時刻

昭和11年8月					
種別	列車番号	押切町	枇杷島橋	新一宮	廣江	新岐阜
特急	特急1	7:00	7:03	7:19	7:32	7:34
この間、毎時同一時間					
特急	特急33	23:00	23:03	23:19	23:32	23:34
特急	特急2	7:39	7:36	7:20	7:07	7:05
この間、毎時同一時間					
特急	特急34	23:39	23:36	23:20	23:07	23:05

出典：快速　名鐵電車時刻表　昭和11年8月改正

表-7　昭和11（1936）年　柳橋発時刻表

行先	発車時刻	所要時分	
		急行	普通
新岐阜	06, 36		72分
新鵜沼	00, 急30, 40	47分	59分
東一宮	急16, 急56	35分	
津島	12,32,50（夕方急行2本あり）	34分	41分

出典：快速　名鐵電車時刻表　昭和11年8月改正

表-7　1936（昭和11）年8月改正の各線優等列車の標準的運転時刻

種別/列車番号	特 7	8	急 59	62	特 1001	1002	犬山急行 107	106	一宮急行 145	144	津島急行 651	652
柳橋	－	－	－	－	8:10	18:18	9:30	11:37	9:16	9:53	16:45	8:30
押切町	10:00	10:39	9:30	10:16	8:19	18:09	9:39	11:28	9:25	9:45	16:54	8:22
岩倉	－	－	－	－	8:32	17:56	9:53	11:14	9:42	9:28	－	－
古知野	－	－	－	－	|	|	10:01	11:01	－	－	－	－
犬山	－	－	－	－	|	|	10:13	10:53	－	－	－	－
新鵜沼	－	－	－	－	8:50	17:38	10:17	10:50	－	－	－	－
東一宮	－	－	－	－	－	－	－	－	9:51	9:18	－	－
津島	－	－	－	－	下呂直通		－	－	－	－	17:19	7:56
新一宮	10:19	10:20	9:54	9:54	下呂着	下呂発	－	－	－	－	－	－
新岐阜	10:34	10:05	10:11	9:35	10:27	16:00	－	－	－	－	－	－

出典：快速　名鐵電車時刻表　昭和11年8月改正　　　　　　　　　　　　　　＊下呂行特急は日曜の運転時刻

コラム デボ800形

押切町～新岐阜間の直通運転に備え、1935(昭和10)年から翌年にかけて10両が製造された車体長18.3mで室内は固定クロスシートの両運転台ボギー車。新名古屋駅への乗り入れを踏まえて市内線への乗り入れを考慮せず、集電装置はパンタグラフのみを備えていた。正面貫通式3枚窓の外観やカム軸式のES系制御器と125kWのTDK528電動機を用いるAL制御方式は後の車両に引き継がれ、名鉄車両の基礎となった。

当初の形式は名岐鉄道の流儀でデボ800形であったが、1941(昭和16)年までにモ800形と改称している。なお名岐鉄道におけるボギー車の形式は「デホ」を使用して

いるが、800形には「デボ」が使用されている。

同系車として、1937(昭和12)年に片運転台の制御車ク2300形(1942(昭和17)年に電装されモ830形)2両、両端を流線形としたモ850形とク2350形の2両組成2本、1938(昭和13)年に800形の中間車としてサ2310形(戦後、制御車化されク2310形)5両が製造されている。1988(昭和63)年までに片運転台の車両は廃車となり、モ802を両運転台化したモ811が最後まで残ったが、1996(平成8)年に廃車となった。同車の廃車後は日本車輌製造で保存展示されている。

モ800形801　新川　1942年　Ar

デボ800形の車内。Si

新名古屋駅の開業

　1941（昭和16）年8月12日、長年の懸案だった国鉄名古屋駅前地下に新名古屋駅が完成し、名古屋市電に乗り入れて運行していた柳橋のターミナルと押切町駅が移転した。

 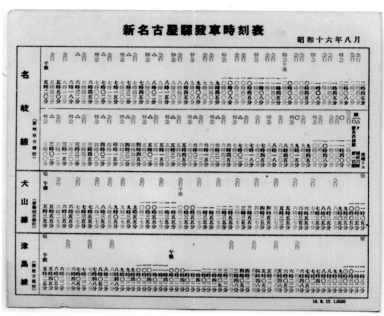

新名古屋駅開業時の時刻表の表紙と発車時刻表

開業した新名古屋駅ホーム。出典：絵はがき

開業した新名古屋駅改札口。出典：絵はがき

　新名古屋駅の開業に伴い、特急は毎時1本運転を基本として、朝夕は30分間隔に増発され、停車駅は新一宮だけとして所要時間は同じ34分で運転した。急行は毎時2本に増強された。犬山線への急行は毎時1本で変わらず41分で運行した。東一宮行は、急行は7,8時台と14〜20時台の運転だけとなり、昼間帯は岩倉から普通となる準急が毎時1本の運転となった。この頃、毎日運転となっていた富山行の高山本線への直通列車は、直通急行の種別で岩倉、古知野、犬山橋に停車して41分で運転している。津島線は6〜8時台と15〜18時台に栄生に停車し、須ヶ口から普通となる急行が毎時1本運転された。（表-8）

　戦争の激化に伴い、1944（昭和19）年には特急の運転が中止され、名岐線の運行は急行と普通が30分間隔となり、急行の所用時分は49分に伸びている。

表-8　1941（昭和16）年8月　新名古屋駅開業時の特急運転時刻

種別	列車番号	新名古屋		新一宮		新岐阜
特急	701	7:00	－	7:20	－	7:34
特急	703	7:30	－	7:50	－	8:04
この間、8〜9時、15〜18時は毎時2本、10〜14時は毎時1本運転						
特急	1901	19:00	－	19:20	－	19:34
特急	2001	20:00	－	20:20	－	20:34
特急	2101	21:00	－	21:20	－	21:34
特急	2201	22:00	－	22:20	－	22:34
特急	600	6:45	－	6:25	－	6:10
特急	602	7:15	－	6:55	－	6:40
この間、7〜9時、16〜17時は毎時2本、10〜15時は毎時1本運転						
特急	1800	18:45	－	18:25	－	18:10
特急	1900	19:40	－	19:20	－	19:05
特急	2000	20:40	－	20:20	－	20:05
特急	2100	21:40	－	21:20	－	21:05
特急	2200	22:40	－	22:20	－	22:05

出典：昭和16年8月　西部本線時刻表

表-8　昭和16（1941）年　新名古屋駅発時刻表

行先	発車時刻	所用時分	
		特急	急行
新岐阜	特00,08（木曽川線連絡）、急20、　急40、45（木曽川線、尾西線連絡）	34分	42分
新鵜沼・東一宮	一準18、鵜急27（小牧、広見線連絡），鵜35（一宮、小牧線連絡）、鵜55		41分
津島	02、22、42（朝夕急行あり）		26分

出典：昭和16年8月　西部本線時刻表

表-8　新名古屋駅が開業した1941（昭和16）年8月12日改正における各線優等列車の標準的運転時刻

種別/ 列車番号	特		急		直急		急		急		急	
	1001	1000	1011	912	3309	3314	931	930	841	1540	851	950
新名古屋	10:00	10:45	10:20	10:32	8:55	18:11	9:27	10:18	8:51	16:00	8:38	10:05
岩倉	－	－	－	－	9:13	17:54	9:45	10:01	9:10	15:41	－	－
古知野	－	－	－	－	9:21	17:48	9:52	9:53	－	－	－	－
犬山	－	－	－	－	－	－	10:04	9:41	－	－	－	－
新鵜沼	－	－	－	－	9:36	17:30	10:08	9:37	－	－	－	－
東一宮	－	－	－	－	－	－	－	－	9:20	15:31	－	－
津島	－	－	－	－	富山直通		－	－	－	－	9:04	9:39
新一宮	10:20	10:25	10:45	10:08	富山着	富山発	－	－	－	－	－	－
新岐阜	10:34	10:10	11:02	9:50	14:47	11:45	－	－	－	－	－	－
備考	朝夕30分間隔		毎時2本				毎時1本		朝夕・昼準急		津島線内各停・朝夕	

出典：昭和16年8月　西部本線時刻表

東部線の優等列車

　1935（昭和10）年の名古屋鉄道の設立にあたり、もう一つの核となったのが愛知電気鉄道である。

　愛知電気鉄道は知多半島西海岸の交通改善を目的に1906（明治39）年に出願された知多電気鉄道が始まりで、1909（明治42）年に知多電車軌道として再出願され、軽便鉄道法の施行を受けて翌1910（明治43）年に新宮坂（熱田付近）から常滑間の免許を得、同年11月に愛知電気鉄道が設立された。工事は順調に進み、1912（明治45）年2月18日に傳馬（のちの傳馬町）〜大野町間23.3kmが開業。翌1913（大正2）年3月29日に大野町〜常滑間5.2kmが延長開業された。

　同社では、知多電車軌道時代から名古屋市内への進出を目論んでいた。免許を得た新宮坂は東海道本線の東側で、現在の神宮前駅の位置である。さらに新堀川沿いに料亭などのあった東陽町（現在の中区矢場町東付近）への路線延伸を計画し、東陽町線として翌1919（大正2）に免許を得た。まずは新宮坂に向けて路線を建設することとしたが、その間には東海道本線と熱田駅前に達する運河があり、それを乗り越す延長140mの跨線橋の建設には多額に費用と時間を要することになった。

　まずは開業年の1912（明治45）年8月に傳馬町から秋葉前間0.4kmを延伸し、1913（大正2）年に跨線橋の竣工により、8月31日に神宮前まで開通した。しかし、多額の建設費に加え経済界の不況もあって業績は低迷した。この困難を打破するため、社長として迎えたのが福澤桃介である。当時、桃介は電気事業に関わり始めた直後で、九州の福博電気軌道の設立に関わった後、豊橋電気の経営再建を担い、名古屋電燈の買収で常務取締役となっていた。名古屋電燈では1914（大正3）年に社長に就任し、1921（大正10）年には大同電力を設立して、1924（大正13）年に大井ダムが竣工するなど木曽川の開発に携わり、後に「電力王」と呼ばれるようになる。桃介は愛知電気鉄道の経営を立て直すと共に、東陽町線の建設を見送り、有松の有力者の支援を得て有松線を建設することにして1917（大正6）年5月8日に有松裏（現・有松）まで開業した。

　一方、1913（大正3）年には尾三電気鉄道が設立され、岡崎〜下地（今の豊橋市下地町）で鉄道敷設免許を取得している。桃介は大井ダムで発電される電気の使い道として、現在の東海道新幹線のような東京〜大阪間の高速電気鉄道の構想を得て、1918（大正7）年に同社の社長となって敷設権を受け継ぎ、安田銀行を設立して銀行王と呼ばれていた安田善次郎に出資を依頼するとともに、1920（大正9）年に社名を東海道電気鉄道と改称した。こうした動きに対して愛知電気鉄道では、1920（大正9）年8月に東海道電気鉄道に接続するよう、知立を経て矢作橋までの免許を得ている。

1921（大正10）年頃の神宮前駅。常滑行と有松裏行が発車した。

開業直後の日長付近を走る電1形6。出典:絵はがき

有松裏（現・有松）に停車する電6形1067。1923（大正12）年4月に新知立に延伸されるまでは有松裏が終点だった。
出典:絵はがき

コラム 東海道電気鉄道

電気鉄道技術の発展により、大正期になると東海道新幹線のように高速電車で東京〜大阪間を結ぶ構想がうまれてくる。安田銀行を設立して銀行王と呼ばれていた安田善次郎による日本電気鉄道などで、福澤桃介は大井ダムで発電される電気の使い道として東京〜大阪間をむすぶ高速電気鉄道を構想した。

その元となったのは1914（大正3）年に岡崎〜下地（今の豊橋市下地町）で鉄道敷設免許を取得した尾三電気鉄道で、1918（大正7）年に御器所村（今の名古屋市昭和区）までの免許を得て、名古屋側では東八事で尾張電気軌道の路面電車と連絡する計画であった。桃介は1918（大正7）年に社長となって同区間の敷設権を受け継ぎ、安田善次郎から資金面の出資を得て、1919（大正8）年9月に東海道電気鉄道を設立している。

そして、まず岡崎から名古屋方面への路線を建設することとして、1921（大正10）年10月8日に岡崎の高宮神社（現在の六所神社で、この時には高宮神社と改称していた）で起工式を行っている。しかし、その直前の9月28日に安田善次郎が暗殺されたことで東海道電気鉄道の資金繰りは窮し、翌1922（大正11）年7月8日に愛知電気鉄道に合併された。

愛知電気鉄道は、国鉄出身も多かった東海道電気鉄道の技術者を引き受け、その設計を活かして知立以東の建設を進めた。まず岡崎への路線を建設することとして、1923（大正12）年6月1日に西岡崎、8月8日に東岡崎まで開業した。さらに翌1924（大正13）年4月に有松裏〜矢作橋間、10月に鳴海〜有松裏間を複線化して高速運転に対応した。

矢作橋以東の路線建設は、東海道電気鉄道の計画が活かされ、直線が多く、愛電赤坂〜伊奈間は約8kmの直線が続き、最急勾配も1/40（25‰）から1/60（16.7‰）として、高速運転にふさわしい線形とした。軌条は37kgを使用し、複線区間は三位式自動閉塞信号機を設置して保安度を高めた。さらに、新設した赤坂変電所には、吉野鉄道に次いで水銀整流器を使用した。有松には、日本で2番目といわれる踏切警報器を設置している。

小坂井への延伸にあわせて1926（大正15）年4月1日に複線化された矢作橋〜東岡崎間は線路中心間隔が13フィート（3.96m）と広く、将来の大型車両の導入を見据えた設計といわれる。ちなみに東岡崎〜西小坂井間の線路中心間隔は、駅間が11フィート（3.35m）、駅構内が12フィート（3.65m）である。

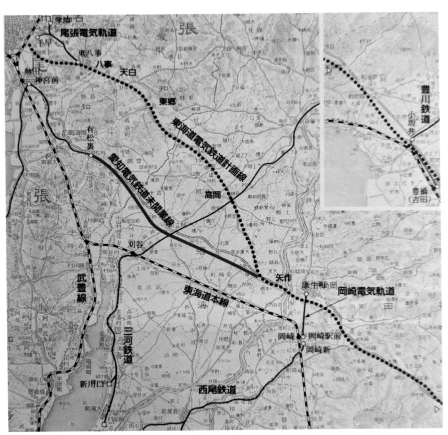

東海道電気鉄道の計画線。出典：名古屋鉄道100年史

特急の運転開始

東海道電気鉄道を合併した愛知電鉄は岡崎への路線延伸を進め、1923（大正12）年8月8日には東岡崎まで全通した。複線化が進められると優等列車の運転が開始される。1961（昭和36）年に発刊された名古屋鉄道社史（以下65年史）では、1924（大正13）年10月の鳴海〜有松裏（現・有松）間の複線化を機に、神宮前〜東岡崎間を48分で走る特急を運転した、と記されている。

しかし、当時の愛知電気鉄道の時刻表は残されておらず、新聞等でもこの特急運転の事実は確認する

ことができない。筆者が名鉄資料館に残る65年史の元資料を調べた時、1925（大正14）年6月2日記として、「岡崎線の時刻改正　特急　神宮前発8:02、9:02、17:02、18:02　東岡崎発　8:14、9:14、17:14、18:14　普通急行廃止　阿野（現・豊明）折返しが鳴海止」のメモがあった。1924（大正13）年にはこうした時刻の記述はない。1925（大正14）年は6月15日に岡崎線の架線電圧を600Vから1500Vに昇圧しているので、おそらくこの昇圧による時刻改正の記述と考えられる。出典は、当時の新聞記事であろうか。推察するに、6月15日の昇圧にあわせて時刻改正を行い、1924（大正13）年10月より運転を開始していたと思われる神宮前〜東岡崎間の普通急行を廃止し、特急の運転を始めたと考えられる。所要時間は書かれていないが、65年史に記載されているように48分で運転したのだろう。車両は、1924（大正13）年から翌年にかけて、複電圧装置を持つ電6形14両（後のデハ1060形1061〜1074）が製造された。

引き続いて愛知電鉄では豊橋への延長工事を進め、当時は私鉄の豊川鉄道であった現在の飯田線を経由して小坂井で豊橋（吉田）行と乗換連絡をするこ

岡崎開業に備えて製造された複電圧車の電6形。
1942 Ar

名電山中駅の電7形（デハ3080形）。出典：絵はがき

矢作川橋梁を渡る電7形の3連。出典：絵はがき

とになり、1926（大正15）年4月1日に東岡崎～小坂井間26kmが開通。豊橋（吉田）行に接続する豊川への急行を4往復運転すると共に、普通電車を30分毎に運転した。所要時間は1時間32分であった。同時に矢作橋～東岡崎間を複線化して、鳴海～小坂井間は全区間複線となった。車両は車体長16.7mの愛電初の半鋼製車でクロスシートを装備した片運転台車の電7形（後のデハ3080形3080～3089/3085欠、1941（昭和16）年にモ3200形に改番）9両と附3形1両（後のサハ2020形2020、1941（昭和16）年にク2020形に改番、1948（昭和23）年に電動車化されモ3200形）、全鋼製車のデハ3090形1両（3090、1941（昭和16）年にモ3250形3251に改番）を製造した。

　豊川乗入れに続いて吉田（豊橋）への延伸に取り組み、吉田への路線を愛知電鉄が建設し、もう片線は豊川鉄道を使い、両社が共用して複線運転をすることとして、1927（昭和2）年6月1日に開業した。豊橋の駅舎は豊川鉄道の吉田駅を使用した。

　吉田への開業により、豊橋線62kmが全通し、神宮前～吉田間に特急1往復と1時間毎の急行を運転

した。特急の停車駅は、井戸田、東岡崎、伊奈で、伊奈で豊川行に連絡した。急行は特急停車駅に加え、新知立、今村、西岡崎、本宿、国府に停車した。所要時間は特急が岡崎まで34分、吉田まで63分、豊川まで67分、急行が岡崎まで39分、豊橋まで72分、豊川まで76分であった。当時の省線の所要時間は1時間50分であり、新聞記事には「愛電の開業で1年30万円の損失になるか」と記されている。

　特急の運行時刻と同時期の基本運転パターンは表-9のとおりである。

　こうした高速運転には、東海道電気鉄道の設計を流用した高規格の路線形態が大いに寄与した。また、

堀田駅が開設された1928（昭和3）年頃の時刻表。豊橋線開業時と比べると、特急の時刻が1時間繰り下がっている。

豊橋線急行電車時刻表

		神宮前	堀田	鳴海	新知立	今村	西岡崎	東岡崎	本宿	國府	伊奈	豊橋着	豊川若
（上り）豊川橋行	急行	前 8.00	8.02	8.11	8.25	8.30	8.38	8.40	8.51	9.01	9.06	9.12	9.16
		9.00	9.02	9.11	9.25	9.30	9.38	9.40	9.51	10.01	10.06	10.12	10.16
		10.00	10.02	10.11	10.25	10.30	10.38	10.40	10.51	11.01	11.06	11.12	11.16
		11.00	11.02	11.11	11.25	11.30	11.38	11.40	11.51	12.06	12.12	1.14	1.16
		12.00	12.02	12.11	12.25	12.30	12.38	12.40	12.51	1.01	1.08	1.14	1.16
	特急	1.00	1.02	→	→	→	→	1.34	→	→	1.57	2.03	2.07
	急行	2.00	2.02	2.11	2.25	2.30	2.38	2.40	2.51	3.01	3.06	3.12	3.16
		3.00	3.02	3.11	3.25	3.30	3.38	3.40	3.51	4.01	4.06	4.12	4.16
		4.00	4.02	4.11	4.25	4.30	4.38	4.40	4.51	5.01	5.06	5.12	5.16
		5.00	5.02	5.11	5.25	5.30	5.38	5.40	5.51	6.01	6.06	6.12	6.16
		6.00	6.02	6.11	6.25	6.30	6.38	6.40	6.51	7.01	7.06	7.12	7.16
		7.00	7.02	7.11	7.25	7.30	7.38	7.40	7.51	8.01	8.06	8.12	8.16

		豊川	豊橋	伊奈	國府	本宿	東岡崎	西岡崎	今村	新知立	鳴海	堀田	神宮前着
（下り）名古屋行	急行	6.41	6.46	6.52	6.57	7.07	7.19	7.21	7.29	7.34	7.47	7.56	7.58
		7.41	7.46	7.52	7.57	8.07	8.19	8.21	8.29	8.34	8.47	8.56	8.58
		8.41	8.46	8.52	8.57	9.07	9.19	9.21	9.29	9.34	9.47	9.56	9.58
		9.41	9.46	9.52	9.57	10.07	10.19	10.21	10.29	10.34	10.47	10.56	10.58
		10.41	10.46	10.52	10.57	11.07	11.19	11.21	11.29	11.34	11.47	11.56	11.58
		11.41	11.46	11.52	11.57	12.07	12.19	12.12	12.29	12.34	12.47	12.56	12.58
	特急	12.49	12.54	→	→	→	1.24	→	→	→	1.56	1.58
	急行	1.41	1.46	1.52	1.57	2.07	2.19	2.21	2.29	2.34	2.47	2.56	2.58
		2.41	2.46	2.52	2.57	3.07	3.19	3.21	3.29	3.34	3.47	3.56	3.58
		3.41	3.46	3.52	3.57	4.07	4.19	4.21	4.29	4.34	4.47	4.56	4.58
		4.41	4.46	4.52	4.57	5.07	5.19	5.21	5.29	5.34	5.47	5.56	5.58
		5.41	5.46	5.52	5.57	6.07	6.19	6.21	6.29	6.34	6.47	6.56	6.58
		6.41	6.46	6.52	6.57	7.07	7.19	7.21	7.29	7.34	7.47	7.56	7.58

●細字ハ午前　太字ハ午後

当時の愛知電気鉄道は、鉄道開業にあわせ沿線に電灯・電気の供給事業を営んで鉄道収入に匹敵する収入をあげるなど、電力との関わりが深く、最新の技術を取り入れやすい環境があった。さらに当時社長を務めた藍川清成は新しいもの好きで、積極的に設備投資をしたと伝えられる。

当時、最も速度が速かったのは阪急神戸線で表定速度が52km/hであるのに対して、愛知電鉄の特急は59km/h、急行は52km/hで日本一の高速運転を誇った。ちなみに省線（国鉄）の特急の表定速度は、豊橋～名古屋間で63km/hであった。（表-10）

1928（昭和3）年4月には名古屋市電東郊線の延伸にあわせ、堀田駅を開設して、井戸田に変わり特急、急行の停車駅としている。

表-9 【昭和2年6月 吉田開業時の特急運転時刻と基本運転パターン】
吉田開業時の特急運転時刻

列車番号	神宮前	東岡崎	伊奈	吉田（豊橋）	豊川
1000	12:00	12:34	12:57	13:03	－
			12:58	－	13:07
1001	12:58	12:24	12:00	11:54	－
			11:57	－	11:48

出典：沿線案内図

表-9 吉田開業時の基本運転パターン

列車番号	種別	神宮前	新知立	東岡崎	伊奈	豊橋	豊川	その他停車駅
1008	急行	10:00	10:25	10:40	11:06	11:12	11:16	今村、西岡崎、本宿、国府
310		10:10	10:47	11:06	11:41	11:47	11:51	
358		10:40	11:18	11:37				
359		11:22	10:45	10:26				
311		11:52	11:16	10:57	10:20	10:14	10:09	
1011	急行	11:58	11:34	11:19	10:52	10:46	10:41	国府、本宿、西岡崎、今村

出典：昭和4年9月15日現行 愛知電鉄 時間・賃金表

表-10 【愛電運輸課調べによる「全国優秀鉄道運転速度比較」】
愛電と省線、南海、阪急との速度比較

鉄道名	列車別	区間		哩程	所用時分	停車駅数	停車時分	1時間平均速度（表定／哩）	本数
愛電	特急	熱田	豊橋	38.7	63	2	1	36.9	1
	急行				72	7	3.5	32.3	9
	普通				98	29	15	23.9	21
省線	特急	熱田	豊橋	41.7	64			39.1	
	急行				75			33.4	
南海	特急	難波	和歌山	40	75	4	2	32	
	急行				95	14	7	25.3	
阪急		梅田	神戸	18.8	35	4	1.2	32.2	

愛電と省線の主要駅間哩程並所用時分

線名		区間		哩程	所要時分		
					特急	急行	普通
愛電	豊橋線	神宮前	豊橋	38.7	63	72	98
省線	東海道線	熱田	豊橋	41.7			110
		名古屋	豊橋	44.9	70	80	118
愛電	豊橋線	熱田	東岡崎	20.2	34	39	55
	省線	熱田	岡崎	24			80
愛電	豊川線	神宮前	豊川	39.1	67	86	101
	省線回り	熱田	豊川	47.1			140
愛電	常滑線	神宮前	常滑	18.3			58
		神宮前	大野	15.1		36	46
愛電	西尾線	岡崎新	吉良吉田	14.1			50
碧海線		神宮前	西尾			約65	約78

出典：昭和4年9月15日現行 愛知電鉄 時間・賃金表

超特急の運転

豊橋まで開業した愛知電鉄であったが、有松裏以東が高速運転にふさわしい線路形態になっていたのに対して、神宮前〜有松裏間はほとんど建設当時のままで、単線の上、曲線も多く、高速運転を阻んでいた。そこで1928（昭和3）年から複線化と曲線改良を進め、1930（昭和5）年4月5日に呼続〜笠寺間、7月11日に線路を移設し、堀田〜呼続間が完了した。1932（昭和7）年10月には 本笠寺〜東笠寺間も複線化している。

豊橋線が神宮前〜堀田間と笠寺〜東笠寺間を除き複線化されたことを受け、1930（昭和5）年9月20日から超特急の運転を開始した。超特急とは、1930（昭和5）年10月から東京〜神戸間で運転を始めた特急「燕（つばめ）」が従前の特急「富士」から大幅に時間を短縮し、こう呼ばれたことに由来する。超特急は1往復の運転で、堀田、新知立、東岡崎、伊奈に停車し、57分で運行した。また、停車駅は同じで60分で運行する特急も3往復運転された。急行は1本/時の運転で、特急停車駅のほか、鳴海、今村、西岡崎（1936（昭和11）年に岡崎公園前に改称）、美合（一部列車のみ）、

本宿、国府（一部列車のみ）に停車し、神宮前を毎時0分、豊橋を毎時35分に発車し、所要時間は豊橋まで70分、岡崎まで38分であった。

こうした豊橋線の高速運転に備えて1928（昭和3）年7月に6両が新造されたのがデハ3300形（3300〜3306/05欠、1941年にモ3300形に改番）である。愛電初の18m全鋼製車体の大型車で、車内はセミクロス

運転開始直後の超特急。「あさひ」の列車名はなく、列車名が付けられるのは運転開始後、しばらくしてからである。

豊橋線を走るデハ3600形とサハ2040形の急行。 Sm

シート。扉部分の車体裾が一段下がり、車端の車掌側扉が引き戸であることが外観上の特徴である。パンタグラフはウエスチングハウス製で、台車はD-16であったがデハ3306はボールドウィン製のコロ軸受けの台車を備えていた。車体幅はこれまでの2.64mから2.73mに拡大され、重厚な外観から「大ドス」と称された。同年12月には同形態で片運転台でボールドウィン台車を履いたデハ3600形4両（3600～3603、1941（昭和16）年にモ3600形、1952（昭和27）年モ3350形に改番）、1929（昭和4）年7月に制御車で台車がD16のサハ2040形5両（2040～44、1941（昭和16）年にク2040形に改番、1947（昭和22）年に電動車化でモ3600形、モ3610形を経て1952（昭和27）年にモ3350形）を増備している。

超特急は、運行開始にあたって9月17日に行われた

鳴海に停車中のデハ3300形。Sm

試乗会の案内には「神風」の愛称が記されていた。10月1日に燕をあしらったテールマークを掲げて東京〜神戸間で超特急「燕（つばめ）」の運転が始まると、それにならい「あさひ」の列車名がつけられ、旭日旗

デハ3600形の制御車であるク2040形2043。（製造時はサハ2040形）。1942年　Ar

九月二十日より全線に互り時間大改正を施行し、殊に豊橋線は午前七時より午後七時まで一時間毎に急行列車運轉、朝夕はこの外に超特急並に特急を運轉して時代に適應したサービスをなする。

因に名古屋、豊橋間の所要時間は超特急五十七分、特急一時間、急行一時間十分である。

豊橋線の急行電車時刻は別表の通り

急行電車時間表

上リ 豊橋・豊川行

列車名	神宮前發	堀田發	鳴海發	知立發	今村發	西岡崎發	東岡崎發	本宿發	國府發	伊奈發	豊橋着	豊川着
急行	7.00	7.02	7.10	7.23	7.28	7.36	7.38	7.50	7.59	8.04	8.10	8.16
急行	8.00	8.02	8.10	8.23	8.28	8.36	8.38	8.50	8.59	9.04	9.10	9.18
※特急	8.30	8.32	→	8.51	→	→	9.02	→	→	9.24	9.30	9.34
特急	9.00	9.02	9.16	9.23	9.28	9.36	9.38	9.50	9.59	10.04	10.10	10.16
◎特急	9.30	9.32	→	9.51	→	→	10.02	→	→	10.24	10.30	10.49
急行	10.00	10.02	10.10	10.23	10.28	10.36	10.38	10.50	10.59	11.04	11.10	11.16
急行	10.30	10.32	→	10.50	→	→	11.00	→	→	11.21	11.27	11.49
超特急	11.00	11.02	11.16	11.23	11.28	11.36	11.38	11.50	11.59	12.04	12.10	12.16
急行	12.00	12.02	12.10	12.23	12.28	12.36	12.38	12.50	12.59	1.04	1.10	1.16
急行	1.00	1.02	1.10	1.23	1.28	1.36	1.38	1.50	1.59	2.04	2.10	2.16
急行	2.00	2.02	2.10	2.23	2.28	2.36	2.38	2.50	2.59	3.04	3.10	3.16
急行	3.00	3.02	3.10	3.23	3.28	3.36	3.38	3.50	3.59	4.04	4.10	4.16
急行	4.00	4.02	4.10	4.23	4.28	4.36	4.38	4.50	4.59	5.04	5.10	5.16
※特急	4.30	4.32	→	4.51	→	→	5.02	→	→	5.24	5.30	5.34
特急	5.00	5.02	5.10	5.23	5.28	5.36	5.38	5.50	5.59	6.04	6.10	6.16
急行	5.30	5.32	→	5.51	→	→	6.02	→	→	6.24	6.30	6.49
急行	6.00	6.02	6.10	6.23	6.28	6.36	6.38	6.50	7.02	7.04	7.10	7.16
急行	6.30	6.32	→	6.51	→	→	7.02	→	→	7.24	7.30	7.49
急行	7.00	7.02	7.10	7.23	7.28	7.36	7.38	7.50	7.59	8.04	8.10	8.14

下リ 名古屋行

列車名	豊川發	豊橋發	伊奈發	國府發	本宿發	東岡崎發	西岡崎發	今村發	知立發	鳴海發	堀田着	神宮前着
半急行	6.20	6.26	6.32	6.38	6.52	7.07	7.09	7.17	7.22	7.35	7.43	7.45
※特急	6.54	7.05	7.11	→	→	7.33	→	→	7.44	→	8.03	8.05
急行	7.28	7.35	7.41	7.46	7.56	8.07	8.09	8.17	8.22	8.35	8.43	8.45
特急	7.54	8.05	8.11	→	→	8.33	→	→	8.44	→	9.03	9.05
特急	8.28	8.35	8.41	8.46	8.56	9.07	9.09	9.17	9.22	9.35	9.43	9.45
急行	8.54	9.05	9.11	→	→	9.33	→	→	9.44	→	10.03	10.05
急行	9.28	9.35	9.41	9.46	9.56	10.07	10.09	10.17	10.22	10.35	10.43	10.45
急行	10.28	10.35	10.41	10.46	10.56	11.07	11.09	11.17	11.22	11.35	11.43	11.45
急行	11.28	11.35	11.41	11.46	11.56	12.07	12.09	12.17	12.22	12.35	12.43	12.45
急行	12.28	12.35	12.41	12.46	12.56	1.07	1.09	1.17	1.22	1.35	1.43	1.45
◎急行	1.28	1.35	1.41	1.46	1.56	2.07	2.09	2.17	2.22	2.35	2.43	2.45
◎急行	2.28	2.35	2.41	2.46	2.56	3.07	3.09	3.17	3.22	3.35	3.43	3.45
※特急	2.54	3.05	3.11	→	→	3.33	→	→	3.44	→	4.03	4.05
特急	3.28	3.35	3.41	3.46	3.56	4.07	4.09	4.17	4.22	4.35	4.43	4.45
特急	3.54	4.05	4.11	→	→	4.33	→	→	4.44	→	5.03	5.05
急行	4.28	4.35	4.41	4.46	4.56	5.07	5.09	5.17	5.22	5.43	5.43	5.45
超特急	4.54	5.08	5.14	→	→	5.35	→	→	5.45	→	6.03	6.05
急行	5.28	5.35	5.41	5.46	5.56	6.07	6.09	6.17	6.22	6.35	6.43	6.45
急行	6.28	6.35	6.41	6.46	6.56	7.07	7.09	7.17	7.22	7.35	7.43	7.45

細字ハ午前　太字ハ午後　◎印ハ豊川直行　ソノ他ハ全部豊橋直行(但シスベテ伊奈ニテ接續)　※印ハ不定期列車

矢作橋上の超特急電車

1930（昭和5）年9月の超特急運転開始時の豊橋線時刻。出典：愛電タイムス

旭日旗を模したヘッドマークを掲げたサハ2040形とデハ3600形の超特急「あさひ」。「あさひ」の命名にあたっては、アサヒビールに挨拶に行った、というエピソードがある。

表-11　1933（昭和8）年　超特急「あさひ」運転時の特急運転時刻

種別	神宮前	新知立	東岡崎	伊奈	豊橋
特急	8:30	8:51	9:02	9:24	9:30
超特急「あさひ」	9:30	9:50	10:00	10:21	10:27
特急	10:30	10:51	11:02	11:24	11:30
特急	16:30	16:51	17:02	17:24	17:30
特急	17:30	17:51	18:02	18:24	18:30
特急	18:30	18:51	19:02	19:24	19:30
特急	9:05	8:44	8:33	8:11	8:05
特急	10:05	9:44	9:33	9:11	9:05
特急	17:05	16:44	16:33	16:11	16:05
超特急「あさひ」	18:05	17:45	17:35	17:14	17:08

出典：昭和8年6月1日現在　時刻表

を模したヘッドマークが取り付けられた。1933（昭和8）年6月の時刻表には「あさひ」の列車名が記され、神宮前の発車時間が1本前の特急と入れ替わり9時30分に変更されて豊橋行特急の運行本数が6本に増加している（表-11）。超特急の運転は1935（昭和10年）頃に終わったようで、1935（昭和10）年に名岐鉄道と合併後の1936（昭和11）年8月の時刻表には名称をつけた超特急は見られない。（表-12）

表-12　1936（昭和11）年の特急運転時刻

列車番号	種別	神宮前	新知立	東岡崎	伊奈	豊橋
1000	特急	8:30	8:51	9:02	9:24	9:30
1002	特急	9:30	9:51	10:02	10:24	10:30
1004	特急	10:30	10:51	11:02	11:24	11:30
1006	特急	16:30	16:51	17:02	17:24	17:30
1008	特急	17:30	17:51	18:02	18:24	18:30
1010	特急	18:30	18:51	19:02	19:24	19:30
1001	特急	8:15	7:54	7:43	7:21	7:15
1003	特急	9:05	8:44	8:33	8:11	8:05
1005	特急	10:05	9:44	9:33	9:11	9:05
1007	特急	16:05	15:44	15:33	15:11	15:05
1009	特急	17:05	16:44	16:33	16:11	16:05
1011	特急	18:05	17:44	17:33	17:11	17:05

出典：昭和11年8月改正　快速名鐵電車時刻表

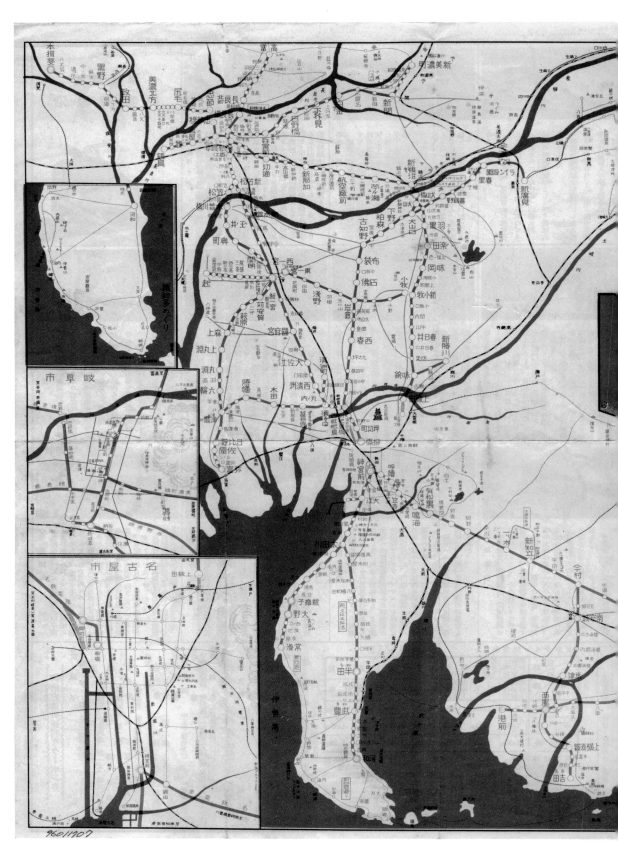

名古屋鉄道成立後の1936（昭和11）年の沿線案内図

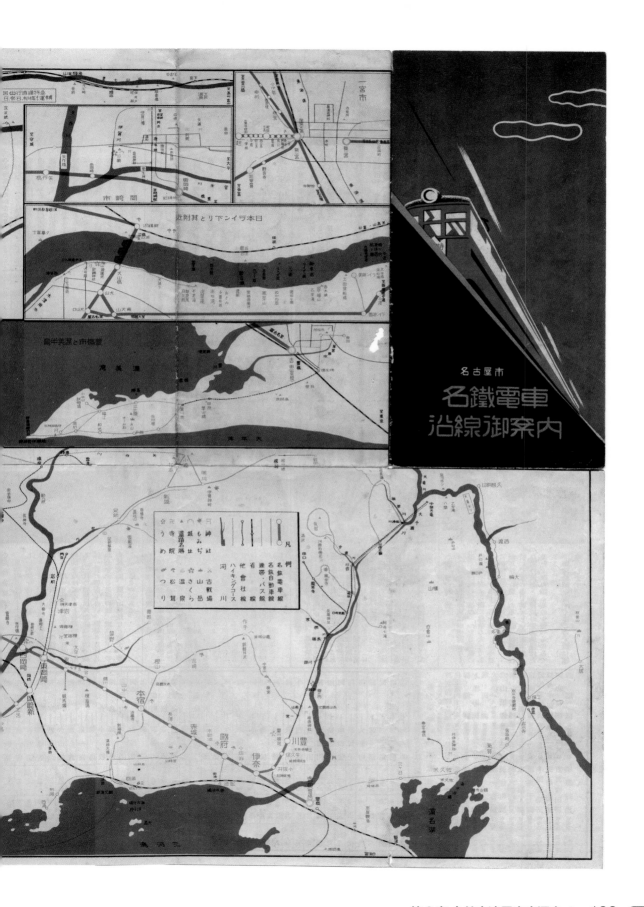

また、この間、1935（昭和10）年4月15日から豊川、鳳来寺、三信電鉄を通じ、神宮前〜中部天竜間に「天竜号」の運転が行われている。日曜の午前7時40分に神宮前を発車し、中部天竜に10時20分に到着。乗客は約1時間の天竜川の舟下りを楽しみ、バスで西川〜遠江二俣〜下気賀〜岩水寺〜本坂峠を経由し豊橋から神宮前に戻っている。運賃は4円80銭であった。中部天竜からの電車は、中部天竜14時6分発で神宮前に18時5分着であった。後に国有化される飯田線への直通運転は、1940（昭和15）年11月12,13日に3400系を使い、飯田まで試運転が行われたことが地元紙の報道に残されている。しかし、理由は不明だが実現しなかった。

豊橋線の運行は、1941（昭和16）年10月の時刻表では1936（昭和11）年と変わらず、6往復の特急が運転されていた。同年6月にはウィンドヘッダーのないスマートな車体で2扉クロスシート、油圧多段式制御器を備えた戦前の最優秀車両であるモ3350形3351〜54、ク2050形2051〜54（1952（昭和27）年モ3600形とク2600形に改番）が竣工したが、戦時下でその力を発揮するには至らなかった。

戦時下の1942（昭和17）年4月1日訂補の時刻表では、特急の本数が増加し8時30分から18時30分まで1本/時、急行が7時から23時まで1本/時運転され、所要時間は豊橋まで特急が63分、急行が75分、東岡崎まで特急が31分、急行が39分だった。1943（昭和18）年には特急がスピードダウンして、豊橋まで67分となった。1944（昭和19）年1月には特急が廃止され、豊橋まで78分運転の急行が1本/時程度の運行で、1本/時程度の半急行が運転されている。ちなみに「半急行」という種別は準急のことで、愛電独特の列車種別である。

飯田線に直通運転した天竜号

1941（昭和16）年に竣工した戦前の最優秀車両であるモ3350系。車番標記は愛電ゆかりのボールド体ローマン書体が使用されている。1942年　Ar

常滑線・知多鉄道線への優等列車の運転

　一方、愛知電気鉄道の母体となった常滑線は、沿線人口が限られることから優等列車の運転は遅れ、昭和初期に傳馬町、尾張横須賀、古見、新舞子に停車して大野町まで36分で運行する急行が1往復運転されている。表-13の1往復で、新舞子土地の合併により1925（大正14）年から分譲を始めた新舞子文化村「松浪園」からの通勤輸送が目的であった。

　1931（昭和6）年4月1日に高速電気鉄道として知多鉄道（後の河和線）が大田川〜成岩間15.8kmを開業すると、常滑線に乗り入れ、神宮前〜成岩間で急行（半急行との記述もある）の運転を開始する。知多鉄道は翌32（昭和7）年7月1日に河和口まで10kmを延伸、1935（昭和10）年8月1日に河和口〜河和間3kmの開通により全通した。

　河和口まで開業した知多鉄道へは、傳馬町、太田川（常滑線開業時は大田川）、知多半田、知多武豊に停車して所要時間40分で走る特急が1往復運転され、特急停車駅に加え半田口、農学校前（後の住吉町）、南成岩、富貴に停車する所要時間47分の急行が毎時1本運転された。（表-14、15）

　同時期の常滑線は急行の本数が増え、下り（常滑行）3本、上り（神宮前行）2本が運転されている。常滑行急行のうち、1本は午後11時20分神宮前発と大変遅い時刻であることと、知多鉄道との接続駅である太田川に停車していないことが興味深い。

　下り（常滑行）　神宮前発
　16:40、17:40　23:20　　　所要時間　39分
　上り（神宮前行）　常滑発
　 6:13　7:01（4月1日〜9月末日）
　 7:31　8:01（10月1日〜3月末）
　所要時間　39分
　停車駅　傳馬町、名和村、尾張横須賀、寺本、古見、新舞子、大野町

　神宮前のホームは東海道本線の東側にあり、市電への乗り換えに不便であった。そこで1934（昭和9）年5月に市内乗入れ線として計画されていた東海道本線西側の熱田運河の埋立を行い、御田橋に接した位置に西口の駅舎を設け、乗客は新設した跨線橋を渡り東海道本線東側のホームに向かうようになった。知多鉄道からの乗り入れ列車が増加すると、東海道本線を越える単線の跨線橋が輸送の隘路となった。そこで西口駅舎の南側に2面3線のホームを設け、1942（昭和17）年7月から常滑線の全列車を西口ホームの発着とした。

知多鉄道開業後の大田川に停車するデハ910形。
出典：絵はがき

高横須賀〜南加木屋間の横須賀隧道にはいる知多鉄道の試運転列車。出典：絵はがき

表-13　常滑線最初の急行列車
1929（昭和4）年4月1日〜10月31日の時刻

神宮前	傳馬町	尾張横須賀	古見	新舞子	大野町
17:48	17:52	18:09	18:15	18:21	18:24
8:03	8:00	7:42	7:36	7:30	7:27

時間・賃金表　昭和4年9月15日現在

表-14　知多鉄道最初の特急（1934（昭和9）年）

神宮前	傳馬町	太田川	知多半田	知多武豊	河和口
13:35	13:38	13:51	14:03	14:09	14:15
13:27	13:24	13:12	13:00	12:54	12:48

昭和9年1月改正　時刻表　常滑線・知多線

表-15　河和全通後の知多鉄道特急（1936（昭和11）年）

列車番号	神宮前	傳馬町	太田川	知多半田	知多武豊	河和口	河和
101	13:35	13:38	13:51	14:03	14:09	14:15	14:19
100	13:13	13:10	12:57	12:45	12:39	12:33	12:29

名古屋鉄道の誕生と東西連絡線の建設

　1935（昭和10）年8月1日に名岐鉄道と愛知電気鉄道は合併し、現在の名古屋鉄道が誕生した。しかし、二つの鉄道の路線はつながっておらず、架線電圧も西部線は直流600V、東部線は直流1500Vと異なっていた。そのため会社はひとつになったものの、運行は従来のまま継承された。

　新しく誕生した名古屋鉄道の課題は、西部線と呼ばれた旧名岐鉄道の押切町～新岐阜間と東部線と呼ばれた旧愛知電鉄の神宮前～豊橋間を結ぶことであった。名岐鉄道の名古屋駅前への乗り入れは、名古屋電気鉄道時代の1919（大正8）に申請が行われている。一方、愛知電鉄でも東海道本線の西側に線路を敷設して、1927（昭和2）年に神宮前から金山に至る路線免許を得ていた。

　合併後に両社の計画を1本化して東西連絡線を建設することとして、神宮前～金山間は熱田駅と中央本線の古渡信号場に至る古渡線の払い下げを受けると共に、1937（昭和12）年に移転高架化される国鉄線の跡地を使い、1.4kmの地下線を建設して、旧名古屋駅のあたりに地下駅を設ける計画とした。そして地下駅の地上部分には、地上7階建ての百貨店を建設する予定であった。

　笹島線と呼ばれた名古屋駅乗入線は、資材難のなか建設され、1941（昭和16）年8月12日に新名古屋駅が開業した。新名古屋駅は3線構造で、1番線を到着専用、2,3線を乗車専用とした。また、1938（昭和13）年に開

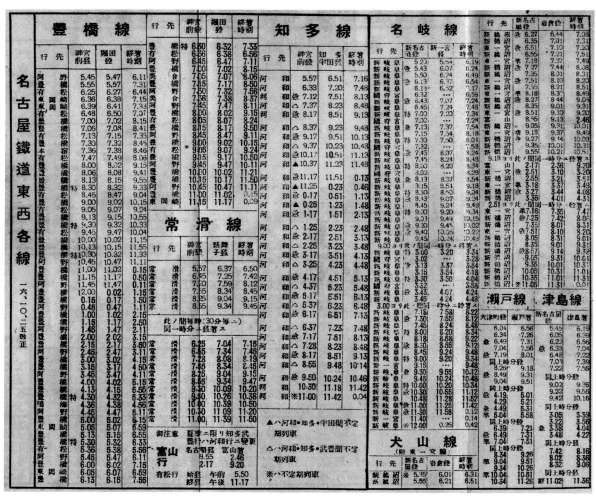

太平洋戦争開始直前の1941（昭和16）年10月の主要幹線の時刻表。豊橋線の特急は6往復、名岐線の特急は朝夕ラッシュ時に30分間隔、その他時間帯は1時間間隔で運転されている。高山本線直通の富山行は2往復に増発されている。

業していた関西急行電鉄名古屋駅との間に車両が直通できる連絡線の用地が確保された。しかし、新名古屋駅と神宮前の間は日本車輌や名古屋造兵廠の敷地内を通ることなどから折衝にてまどり、資材の入手難や労力の不足もあって計画は進まなかった。1942（昭和17）年に着工した後は名古屋市南部の工場地帯への工具輸送の要請から完成が急がれ、1944（昭和19）年9月1日に新名古屋〜神宮前間5.8kmが完成した。しかし、架線電圧は西部線600ボルト、東部線は1500ボルトであることから直通運転はできず、金山（1945（昭和20）年7月に金山橋に改称）駅での乗換を余儀なく

された。複線化の完成は1944（昭和19）年12月15日で、新名古屋〜金山間は時間あたりラッシュ時6本、昼間帯には3本程度が運転されていたようだ。東部線の列車は金山発着となった。

戦争が激化すると、電車の運行にも支障を及ぼすようになった。1943（昭和18）年は大きな変更はなかったが、1944（昭和19）年になると、特急の運行は中止される。東部線では毎時1本の急行は運転されているが特急はなくなり、代わりに東岡崎〜豊橋間が各駅停車となる半急行が運転されている。

戦後の混乱期の輸送

戦後になっても運行状況は変わらず、東部線は金山橋、西部線は新名古屋を起点とした運行で、新名古屋〜金山橋間に連絡列車を走らせて接続した。連絡列車は15〜20分間隔で運行された。

戦後の混乱期の運行は資料に乏しいが、1947（昭和22）年4月の発車時刻表によれば、東部線、西部線とも

特急はなく、急行が20〜30分間隔で運転されていたようだ。豊橋線、知多・常滑線には半急行の列車種別が残っている。

こうした状況が大きく変わるのは、1948（昭和23）年5月12日の西部線昇圧と16日からの東西直通運転の開始である。

1947（昭和22）年4月の発車時刻表（部分）

コラム 2つの流線形車両モ3400系とモ850系

名古屋鉄道誕生後の1937（昭和12）年。当時、航空機や自動車を中心に流線形が流行したことを受けて、元愛知電気鉄道の東部線と元名岐鉄道の西部線に2つの流線形車両が誕生した。3400系と850系である。

東部線に登場した3400系（モ3400形とク2400形）は、外幌や足回りをカバーするスカートなど、洗練された外観の流線形車両で、当初は連節車として計画された。コロ軸受けや回生制動など新技術を採用した優秀車両で、室内はすべてクロスシート。塗装は濃淡グリーンで、その外観から「いもむし」あるいは「流線」と呼ばれた。戦後には中間に2両を組み込んで4両組成化され、3850系や3900系と共に本線の特急に活躍した。1988（昭和63）年にモ3403＋ク2403組成を保存車両として残すことになりモ3401＋ク2401と改番し、1993（平成5）年には鉄道友の会から

エバーグリーン賞を受賞したことを機に塗装を登場時の濃淡グリーンに変更している。1994（平成6）年には冷房改造も行われ、名鉄100周年を記念してイベント運行も行われたが、2002（平成14）年8月限りで引退した。

一方、西部線に登場した850系（モ850形とク2350形）はデボ800形を設計変更して誕生した流線形車両で、正面妻上部に3本の白線（ヒゲ）が描かれたことから「なまず」の愛称がある。先頭デザインは、当時、米国で製造された流線形電車や、それを受けて日本車輌で南満州鉄道向けに製造された電気式気動車のデザインが反映されている。当初は制御車のク2350形にも集電装置が載せられていた。モ852-ク2352は1979（昭和54）年、モ851-ク2351は1988（昭和63）年に廃車になった。

登場直後の3400系。回生制動を行うため、制御車にもパンタグラフを載せている。Sm

登場直後の850系。正面妻上部に3本の白線（ヒゲ）が描かれたことから「なまず」の愛称が付けられた。Ar

米国フィラデルフィア＆ウエスタン鉄道に登場した流線形電車。「ブレット」（弾丸）と呼ばれた。
1990,5
フィラデルフィア
Ha

1935年に南満州鉄道向けに製造された電気式気動車のジテ形。戦後、電車に改造された。
1982.8　撫順　Ha

1936年に三河鉄道（現三河線）の非電化区間に登場した流線形ガソリンカー（気動車）のキ80形。車体前面に流線形の影響が見られる。戦後はエンジンを外して三河線や築港支線で客車（サ2220形）として使用された後、瀬戸線では制御車（ク2220形）として使用された。
1954年頃　Kr

戦前の優等列車の運転区間と運転期間

名古屋電気鉄道～名岐鉄道～名古屋鉄道（西部線）

種別	列車名	有料	乗入				
			知多鉄道	省線	豊川鉄道	鳳来寺鉄道	三信鉄道
特急							
特急							
直急				●			
直急							
急行							
急行							
急行							
急行							
急行							
急行							
急行							
急行							
急行							
準急							
臨時							
特急							
特急	下呂特急			●			
	納涼ビール電車						
急行							

愛知電気鉄道・知多鉄道～名古屋鉄道（東部線）

種別	列車名	有料	乗入				
			知多鉄道	省線	豊川鉄道	鳳来寺鉄道	三信鉄道
超特急	あさひ						
特急							
特急							
特急			●				
特急			●				
急行							
急行					●		
急行							
急行							
急行							
急行			●				
急行			●				
半急行							
半急行							
臨時							
急行？	天竜				●	●	●
	納涼ビール電車						

運転区間	期間	特記事項
押切町～新岐阜	35.4.29～41.8.11	
新名古屋～新岐阜	41.8.12～44.3.31	
押切町～富山	40.9.25～41.8.11	
新名古屋～富山	41.8.12～44	
柳橋～東一宮	23.5.1～41.8.11	
柳橋～犬山	23.5.1～26.5	
柳橋～新鵜沼	26.10.1～41.8.11	
柳橋～木曽川橋	29.7.28～35.4.28	
柳橋～津島	不明～41.8.9	朝夕のみ
押切町～新岐阜	35.4.29～41.8.11	
新名古屋～新岐阜	41.8.12～44.8.31	
新名古屋～新鵜沼	41.8.12～44	
新名古屋～津島	41.8.12～44	朝夕のみ
新名古屋～東一宮	41.8.12～44	
柳橋～新鵜沼	30.11～33.9	高山線連絡　土日祝日運転
柳橋～下呂	33.10.8～不明	土日祝日運転
柳橋～犬山	36.7～不明	夏季運転
柳橋～八百津	39.3～不明	休日運転

運転区間	期間	特記事項
神宮前～吉田（豊橋）	30.9.20～36頃	「あさひ」の名称は少し遅れて付けられた
神宮前～東岡崎	25.6～26.4	朝夕4往復
神宮前～吉田（豊橋）	27.6.1～44	
神宮前～河和口	32.7.1～35.7	
神宮前～河和	35.8.1～44	知多鉄道は43.2.1合併
神宮前～東岡崎	24.10～25.6	
神宮前～豊川	26.4～27.5	4往復
神宮前～吉田（豊橋）	27.6.1～44.8	
神宮前～大野町	27.6.1～32頃	1往復
神宮前～常滑	32頃～44頃	
神宮前～河和口	32.7.1～35.7	
神宮前～河和	35.8.1～44.8	
神宮前～東岡崎など	32.12～36.8	
神宮前～東岡崎など	44頃～48頃	
神宮前～中部天竜	35.4.15～38頃	
神宮前～新舞子	36.7～不明	夏季運転

服部重敬（はっとりしげのり）

1954年名古屋市生まれ。1976（昭和51）年名古屋鉄道入社。NPO法人名古屋レール・アーカイブス設立発起人のひとりで現在4代目理事長、一般財団法人地域公共交通総合研究所研究員。
1980年代にまちづくりにおける軌道系交通のあり方に関心を持ち、世界の都市交通の調査・研究を進め、次世代型路面電車（LRT）の動向を中心に、寄稿、講演などを通じて各方面に情報を発信している。近年は「国鉄時代」「蒸機の時代」「レイル」などに国内外鉄道記事の寄稿や写真提供も多い。
主な著書に「名古屋市電」（ネコ・パブリッシング/2014年島秀雄記念優秀著作賞受賞）、「名古屋市営交通の100年」「富山県の鉄道」（フォト・パブリッシング）、「汽車・電車・市電－昭和の名古屋鉄道風景」（トンボ出版）、「路面電車新時代－LRTへの軌跡」（編著、山海堂）、「LRT」（共著、成山堂）、「世界のLRT」（共著、JTBパブリッシング）などがある。

NPO法人名古屋レール・アーカイブス

貴重な鉄道資料の散逸を防ぐとともに、鉄道の意義と歴史を正しく後生に伝えることを目的に、2005（平成17）年に名古屋市で設立。2006（平成18）年にNPO法人認証。所蔵資料の考証を経て報道機関や出版社・研究者などに提供するとともに、展示会の開催や原稿執筆などを積極的に行う。本誌に掲載している白井 昭氏、倉知満孝氏、小林磐生氏、J.W.Higgins氏等の写真や資料は、いずれもNPO法人名古屋レール・アーカイブスでデジタル化して保存されている。

昭和〜平成時代の名古屋鉄道 第1巻
名古屋本線東部・豊川線

発行日………………2024年3月7日　第1刷　※定価はカバーに表示してあります。

著者…………………服部重敬

発行者………………高山和彦

発行所………………株式会社フォト・パブリッシング

　　　　　　　　　　〒161-0032　東京都新宿区中落合2-12-26

　　　　　　　　　　TEL.03-6914-0121　FAX.03-5955-8101

発売元………………株式会社メディアパル（共同出版者・流通責任者）

　　　　　　　　　　〒162-8710　東京都新宿区東五軒町6-24

　　　　　　　　　　TEL.03-5261-1171　FAX.03-3235-4645

デザイン・DTP………柏倉栄治（装丁・本文とも）

印刷所………………長野印刷商工株式会社

ISBN978-4-8021-3435-4 C0026